教材项目规划小组
Planungsgruppe Lehrmaterial

严美华　　姜明宝　　王立峰
田小刚　　崔邦焱　　俞晓敏
赵国成　　宋永波　　郭　鹏

加拿大方咨询小组
Kanadische Berater

Dr. Robert Shanmu Chen
Mr. Zheng Zhining
University of British Columbia

Dr. Helen Wu
University of Toronto

Mr. Wang Renzhong
McGill University

中国国家对外汉语教学领导小组办公室规划教材

Konzipiert von der Staatlichen Leitungsgruppe für Chinesisch als Fremdsprache

Das Neue Praktische Chinesisch

Arbeitsbuch

新实用汉语课本

2

（综合练习册）

主编：刘　珣

编者：张　凯　刘社会

　　　陈　曦　左珊丹

　　　施家炜　刘　珣

德文翻译：Katrin Buchta

北京语言大学出版社
BEIJING LANGUAGE AND CULTURE
UNIVERSITY PRESS

Der Titel der Originalausgabe lautet:
New Practical Chinese Reader
Workbook 2
(Xin Shiyong Hanyu Keben - Di-er ce - Zonghe lianxice)
© 2003 Beijing Language and Culture University Press
(5. Auflage 2006)
(Herausgeber: Liu Xun)
(Autorenteam: Zhang Kai, Liu Shehui, Chen Xi, Zuo Shandan, Shi Jiawei, Liu Xun)
(Aus dem Chinesischen und Englischen übersetzt von Buchta, Katrin)

© der deutschsprachigen Ausgabe
Chinabooks E. Wolf, Bühlstrasse 45B, CH-8055 Zürich, Schweiz, 2008

Tel. 0041 (0)43 540 40 77
Email: bestellen@chinabooks.ch
http://www.chinabooks.ch

Printed in China
ISBN 978-3-905816-03-7

CHF 12. 00 (unverbindliche Preisempfehlung)

Hinweise für Studierende

Herzlich willkommen zum *Neuen Praktischen Chinesisch*!

Das *Neue Praktische Chinesisch* besteht aus Lehr- und Arbeitsbüchern, sowie Lehrerhandbüchern, gedacht für Lehrende und Lernende sowohl im Unterricht als auch außerhalb.

Das Arbeitsbuch wurde speziell für Studierende zur Übung außerhalb des Unterrichts entwickelt. Es enthält Ausspracheübungen sowie Übungen zu Vokabular, Schriftzeichen und Grammatik. Außerdem zielt es darauf, die Hör-, Sprech-, Lese-, Schreib- und Übersetzungskompetenz zu erhöhen.

Um das Lernen zu erleichtern:

- wird gleichermaßen Wert auf die Grundfertigkeiten Hören, Sprechen, Lesen und Schreiben gelegt;
- gibt es eine Vielzahl von Übungen, um den Spracherwerb zu erleichtern;
- sind die Übungen progressiv strukturiert;
- wird in jeder Lektion besondere Aufmerksamkeit auf die Aussprache gelegt.

Mit aktuellen und kurzweiligen Texten mit Bezügen zu chinesischer und westlicher Kultur ist das Lehrwerk interessant und zeitgemäß.

Vergessen Sie nicht: Übung macht den Meister!

目　　录

Inhalt

Hinweise für Studierende

第十五课
Lektion 15

⸻⸻⸻⸻⸻⸻→

▰▰▰▰▰▰▰▰ 她去上海了 ▰▰▰▰▰▰▰▰

Hör- und Sprechübungen

1. Aussprachübungen.

Lesen Sie folgende Wörter und Wortgruppen laut. Achten Sie auf die Aussprache von b, p, d, t, g und k.

b——西安的兵马俑　爸爸妈妈和贝贝　北京语言学院　不好意思
不用谢　帮助留学生

p——排队　说普通话　是好朋友　苹果和葡萄　漂亮的礼物
一瓶红葡萄酒

d——看懂　得换钱　打电话　等弟弟　对不起　多少东西
大生日蛋糕　当然去锻炼

t——我们和他们　本子太贵了　听说这件事儿　现在头疼
今天天气很好

g——高兴　工作　挂号　光盘　感冒　该哥哥了　工作人员
姑娘贵姓　刚才去公司

k——开学　发展得很快　喜欢咖啡　复习课文　恐怕不行　可能可以
去吃北京烤鸭

2. Hören Sie die Fragen und markieren Sie die richtigen Antworten.

(1) A. 林娜　　　　B. 王老师　　　　C. 力波　　　　D. 工作人员
(2) A. 买东西　　　B. 存钱　　　　　C. 参观　　　　D. 换钱
(3) A. 上海　　　　B. 西安　　　　　C. 兵马俑　　　D. 王府井
(4) A. 英镑　　　　B. 美元　　　　　C. 欧元　　　　D. 加元
(5) A. 十一块五毛七分人民币　　　　　B. 五千多块人民币
C. 五百块人民币　　　　　　　　　D. 七百八十五块人民币

3. Hören Sie den Dialog und entscheiden Sie, ob die Aussagen richtig（r）oder falsch（f）sind.

（1）这位小姐来晚了。 （　　）
（2）这位先生不高兴了。 （　　）
（3）小姐不喜欢先生说她漂亮。 （　　）
（4）他们要去旅行。 （　　）
（5）小姐不想在西安和上海买东西。 （　　）
（6）他们换了四千英镑。 （　　）

4. Hören und ergänzen Sie.

（1）现在银行人很_____。
（2）林娜今天穿_____很漂亮。
（3）她刚_____西安回来。
（4）她在西安_____了兵马俑。
（5）你去上海_____没有?

5. Hören Sie und schreiben Sie die Sätze in *Pinyin* auf.

（1）_____
（2）_____
（3）_____
（4）_____
（5）_____

6. Hören Sie und schreiben Sie die Schriftzeichen auf.

（1）_____
（2）_____
（3）_____
（4）_____
（5）_____

7. Rollenspiel.

Hören Sie den Dialog und spielen Sie ihn zu zweit nach. Versuchen Sie den Dialog mit Hilfe Ihrer Kommilitonen, Lehrer oder mit einem Wörterbuch zu verstehen.

8. Kulturelle Erfahrungen.

你要去中国旅行,问问你的朋友怎么换钱,然后去银行换一些人民币。

9. Lesen Sie den Fahrplan des Pekinger Hauptbahnhofes. Stellen Sie zu zweit abwechselnd Fragen und antworten Sie.

序号	车次	发车时间	到站时间	运行时间	硬座票价	硬卧（中）	距离	备注
1	T31 次空调特快（北京-杭州）	15:50	次日 5:44	13 时 54 分	180 元	318 元	1458	今日发车
2	T21 次空调特快（北京-上海）	18:00	次日 8:00	14 时 0 分	180 元	318 元	1463	今日发车
3	T13 次空调特快（北京-上海）	18:08	次日 8:08	14 时 0 分	180 元	318 元	1463	今日发车
4	T85 次空调特快（北京-苏州）	17:01	次日 6:54	13 时 53 分	171 元	301 元	1379	今日发车
5	T235 次空调特快（北京-广州东）	5:14	次日 5:13	23 时 59 分	254 元	444 元	2308	今日发车
6	T123 次空调特快（北京-广州东）	20:30	次日 20:35	24 时 5 分	254 元	444 元	2308	今日发车
7	T55 次空调特快（北京西-西安）	16:10	次日 6:16	14 时 6 分	151 元	266 元	1200	今日发车
8	T41 次空调特快（北京西-西安）	17:12	次日 6:45	13 时 33 分	151 元	266 元	1200	今日发车

Lese- und Schreibübungen

1. Zeichnen Sie folgende Schriftzeichen in der richtigen Strichfolge nach. Schreiben Sie die Schriftzeichen dann in die leeren Kästchen.

民	乛乛尸民民	民	民				
币	一丆币币	币	币				

千	ノ 二 千	千	千				
久	ノ ク 久	久	久				
奂	ノ ク ク 夕 与 与 奂	奂	奂				
丘	ノ ㇒ ㇒ 斤 丘	丘	丘				
甫	㇕ ㇈ ㇈ 月 月 月 甫	甫	甫				
亚	一 丁 帀 帀 亚 亚	亚	亚				
车	一 土 玄 车	车	车				
重	一 二 亠 千 台 盲 盲 重 重	重	重				
尤	一 九 尤 尤	尤	尤				

2. **Schreiben Sie die Schriftzeichen in die leeren Kästchen. Achten Sie auf die Komponenten der Schriftzeichen.**

zǎo	日 ＋ 十	早					
yín	钅 ＋ 艮	银					
pái	扌 ＋ 非	排					
duì	阝 ＋ 人	队					
huàn	扌 ＋ 奂	换					
bàng	钅 ＋ 产 ＋ 方	镑					
cóng	人 ＋ 人	从					

cì	冫 + 欠	次						
guān	又 + 见	观						
bīng	丘 + 八	兵						
yǒng	亻 + 甬	俑						
xìn	亻 + 言	信						
yuán	口 + 贝	员						
fǔ	广 + 付	府						
ān	宀 + 女	安						
zhǎn	尸 + 艹 + 以	展						
pǔ	丷 + 亚 + 日	普						
tōng	甬 + 辶	通						
qīng	车 + 圣	轻						
liú	氵 + 㐬	流						
lì	禾 + 刂	利						
dǒng	忄 + 艹 + 重	懂						
jiù	京 + 尤	就						

3. Geben Sie die *Pinyin* – Transkription folgender Wörter und Wortgruppen an und übersetzen Sie sie ins Deutsche.

　（1）旅行

　　　银行

（2）写得很好
　　你得参加
（3）教汉语
　　张教授
（4）快乐
　　音乐

4. **Geben Sie die *Pinyin* – Transkription folgender Gruppen von Wörtern an und übersetzen Sie sie ins Deutsche. Versuchen Sie, die Bedeutung von unbekannten Wörtern zu erschließen. Vergewissern Sie sich bei Ihren Kommilitonen oder Lehrern, oder nehmen Sie ein Wörterbuch zur Hand.**

（1）中国
　　中文
　　中药
　　中餐
（2）西方
　　西药
　　西服
　　西餐
（3）英国
　　英语
　　英文
　　英镑
（4）美国
　　美元
　　中美（中国和美国）
　　英美（英国和美国）
（5）日本
　　日语
　　日文
　　日元
（6）外国
　　外语
　　外文
　　外币

外商(外国商人)

5. Ergänzen Sie entsprechend der *Pinyin* – Transkription die Schriftzeichen.

林娜刚 cóng _____ 西安回到北京,这个星期六,她要去上海旅行。下课以后,她 jiù _____ 去银 háng _____ 换钱,丁力波也在那儿排队换钱。他问林娜,去西安玩儿得怎么样? 林娜告诉他,这次去西安玩儿 de _____ 很好,吃得也 hái _____ 可以。她参 guān _____ 了中国有名的兵马俑,买了不少的明 xìn _____ 片。她还给爸爸买了生日礼物。丁力波问她:"买了什么礼物?""四个兵马俑。"林娜说,"对不起,该我换钱了,你有时间,可以去我那儿看看。我 zài _____ 给你介绍介绍西安。"

6. Schriftzeichenrätsel.

前边一个人,后边一个人。

出门办事情,两人一起行。

(Die Lösung ist ein Schriftzeichen.)

7. Setzen Sie in jede Lücke ein Verb ein.

(1) 他汉字____得很漂亮。

(2) 他们____了上海,____了浦东。

(3) 你____没____明信片?

(4) 今天100美元能____多少人民币?

(5) 林娜在西安____得还可以,____得不太好。

8. Wählen Sie das richtige Wort aus.

(1) 力波_____加拿大回来了。

       A. 昨天   B. 已经   C. 从   D. 没

(2) 你们在那儿玩儿_____好吗?

       A. 的   B. 旅行   C. 住   D. 得

(3) 上海的年轻人英语说得_____很流利。

       A. 不   B. 也   C. 可能   D. 不太

(4) 您换100美元,_____您819块人民币。

       A. 跟   B. 该   C. 给   D. 送

(5) 我_____参观兵马俑,我去华山了。

A. 没有   B. 不   C. 想   D. 还要

9. Verbinden Sie die Wörter aus Spalte I mit denen aus Spalte II zu Sätzen.

I	II
他在教室	旅行。
我想去西安和上海	我不懂。
你今天穿得	该你了。
大为，现在	写汉字。
"阿拉勿懂"就是	真漂亮。

10. Bringen Sie die Wörter in die richtige Reihenfolge.

Beispiel：说 好 他 得 汉语 很 → 他汉语说得很好。

(1) 都 他 每天 早 得 来 很
(2) 我 换 银行 去 上午 钱
(3) 西安 吧 介绍介绍 我 你 给
(4) 快不快 她 得 学 汉语
(5) 王老师 上海 了 去

11. Bilden Sie mit den vorgegebenen Wörtern Sätze.

(1) 来   得 早
(2) 说   得 流利
(3) 玩儿   得 好
(4) 发展   得 不太快
(5) 写汉字   得 还可以

12. Formen Sie die folgenden Sätze um, verwenden Sie die Partikel "了②".

Beispiel：林娜去西安。→林娜去西安了。

(1) 他去他哥哥那儿。   →
(2) 昨天她参加聚会。   →
(3) 我去银行换钱。   →
(4) 上午王云打扫宿舍。 →
(5) 你学上海话吗？   →

13. Übersetzen Sie die Sätze ins Chinesische. Verwenden Sie die Wörter in Klammern.

（1）Kannst du mir etwas über die Stadt Xi'an erzählen?（介绍）

（2）Habe ich das Schriftzeichen richtig geschrieben? Schau mal.（得,看）

（3）Hast du chinesische Postkarten gekauft?（了）

（4）Entwickelt sich Shanghai schnell?（得，V/Adj-Neg-V/Adj-Frage）

（5）Der Lehrer unterrichtet die Grammatik zu langsam.（得,太）

14. Entscheiden Sie, ob die Sätze grammatisch korrekt（r）sind oder nicht（f）.

（1）看,该你。 　　　　　　　（　　）
（2）我去张老师参加聚会了。 　（　　）
（3）明天力波要跟林娜一起去商场。 （　　）
（4）那儿的人普通话说很流利。 （　　）
（5）对不起,我今天来得太晚了。 （　　）

15. Entscheiden Sie aufgrund des Textes aus dem Abschnitt "Lesen und Nacherzählen" aus dieser Lektion, ob die Aussagen richtig（r）oder falsch（f）sind.

（1）张教授在英国工作。 　　　　　　　（　　）
（2）上海人做的衣服很有名。 　　　　　（　　）
（3）学生请张教授去吃上海菜。 　　　　（　　）
（4）张教授是语言学院的老师,他学上海话学得很快。 （　　）
（5）张教授的儿子在中国银行工作。 　　（　　）

16. Beantworten Sie folgende Fragen.

（1）你喜欢旅行吗?

（2）你去了哪些国家(或城市)?

（3）你喜欢哪个国家(或城市)? 为什么?

（4）你们老师汉语课教得快不快？你学得怎么样？

（5）你还会说什么语言？

17. Lesen Sie den Text und beantworten Sie die Fragen.

明信片上的风景（fēngjǐng，Landschaft）

很多人都喜欢明信片，明信片都很可爱，都不太贵，寄给爸爸妈妈和朋友们非常好。喜欢旅行的人当然也喜欢买明信片。明信片上常常有很多风景，那些风景都很有名。旅行的时候，大家都排队买明信片，它们真的非常漂亮。我每次旅行，也都愿意买很多明信片，寄给那些好久不见的朋友们。这次我买了很多兵马俑的明信片，也买了上海的风景明信片。朋友们看了明信片上那些漂亮的风景，都非常高兴。

（1）为什么很多人都喜欢明信片？

（2）喜欢旅行的人也喜欢买明信片吗？

（3）旅行的时候，为什么大家都排队买明信片？

（4）每次旅行，"我"买不买明信片？为什么要买很多？

（5）你喜欢不喜欢买明信片？在哪儿买？买什么样的？

18. Vervollständigen Sie den Tagebucheintrag von Lin Na anhand von Text II aus dieser Lektion.

5月2日

昨天晚上到上海。今天上午我去参观上海的商场。上海的东西不太贵。这儿的衣服做得很漂亮，我买了很多件。那件大的衣服是给妈妈的礼物。这儿的工作人员喜欢说上海话……

19. **Schreiben Sie anhand des Beispiels eine Postkarte auf Chinesisch.**

Beispiel：eine Postkarte von Lin Na.

哥哥：

　　你今年要来中国旅行，太好了！你到了北京，我们一起去长城，参观故宫。你说还要去西安，我刚去了西安，兵马俑太有意思了，你得去看一看。我给你的明信片就是西安的兵马俑。

林娜

2003 年 3 月 15 日

20. **Verwenden Sie mindestens acht Wörter oder Wortgruppen aus der folgenden Liste, um eine Reise zu beschreiben.**

喜欢　旅行　去　玩儿　参观　给……介绍　排队　明信片　漂亮
贵　便宜　懂　钱　人民币　礼物　买

21. Lesen Sie den folgenden authentischen Text. Worum handelt es sich? Welche Informationen können Sie herausfinden?

外汇牌价 人民币/100 外币	2003 - 01 - 06	
货币	现汇买入价	卖出价
美元	826.44	828.92
港币	105.98	106.3
日元	6.90 309	6.92 383
澳大利亚元	469.13	470.54
澳门元	103.4	103.71
加拿大元	528.18	529.76
丹麦克郎	115.98	116.33
挪威克郎	118.78	119.14
新加坡元	474.23	475.65
瑞典克郎	94.8	95.09
瑞士法郎	591.56	593.34
英镑	1330.69	1334.69
欧元	861.44	864.03

Lektion 16

---→

我把这事儿忘了

Hör- und Sprechübungen

---

1. Ausspracheübungen.

Lesen Sie folgende Wörter und Wortgruppen laut. Achten Sie auf die Aussprache von j, q und x.

j——交表 办借书证 今天就可以借书 加拿大的记者

介绍我的姐姐 寄九斤东西

q——每天七点十分起床 几千块钱人民币 请问去宿舍怎么走

全身都非常不舒服

x——喜欢香蕉苹果 小姐和先生 下午先写信 下星期五休息

填姓名和性别 新实用汉语课本

2. Hören Sie die Fragen und markieren Sie die richtigen Antworten.

（1）A. 好,我们上去吧　B. 好,我们上楼去吧

C. 好,我们下去吧　D. 好,我们下楼去吧

（2）A. 我带来了　B. 我进来了　　C. 我送来了　D. 我回来了

（3）A. 把钱换了　B. 把本子带来了　C. 把书借了　D. 把练习做了

（4）A. 办了十五分钟　　B. 他们办得很快

C. 要办十五分钟　　D. 今天办证的人不多

（5）A. 两个月　　B. 一个月　　C. 两个星期　　D. 一个星期

3. Hören Sie den Dialog und entscheiden Sie, ob die Aussagen richtig (r) oder falsch (f) sind.

（1）那位先生想在银行换钱。　（　　）

（2）那位小姐是个大学生。　（　　）

（3）小姐在中国上大学。　（　　）

（4）外国人换钱得要护照。　　　（　　）

（5）今天银行人很少。　　　　　（　　）

（6）旅行的人都要填一张表。　　（　　）

4. Hören und ergänzen Sie.

（1）一会儿那位先生就_____你钱了。

（2）快点儿_____表填了。

（3）学生证办_____很慢。

（4）我等一等他，你们先上楼_____吧。

（5）真对不起，我把这事儿_____了。

（6）我明天回英国，今天_____把从图书馆借的书还了。

（7）你带语法书_____了吗？

（8）你朋友_____上海回来了没有？

5. Hören Sie und schreiben Sie die Sätze in *Pinyin* auf.

（1）_____

（2）_____

（3）_____

（4）_____

（5）_____

（6）_____

（7）_____

（8）_____

6. Hören Sie und schreiben Sie die Schriftzeichen auf.

（1）_____

（2）_____

（3）_____

（4）_____

（5）_____

（6）_____

（7）_____

（8）_____

7. Rollenspiel.

Hören Sie den Dialog und spielen Sie ihn zu zweit nach. Versuchen Sie den Dialog mit Hilfe Ihrer Kommilitonen, Lehrer oder mit einem Wörterbuch zu verstehen.

8. Kulturelle Erfahrungen.

（1）给你们学院的中国学生介绍一下在你们大学怎么办借书证。

（2）到一家商店办一张"会员卡"（huìyuánkǎ, Mitgliedskarte）。你应该带什么去？应该怎么办"会员卡"？

9. Lesen Sie den Bibliotheksausweis, antworten Sie abwechselnd mit Ihrem Partner auf die Fragen.

（1）这是什么图书馆的借书证？

（2）这是一个老师的借书证还是一个学生的？

（3）这个人叫什么名字？你想他/她是男的还是女的？

（4）他/她是什么专业的学生？

（5）这个图书馆的书可以借多长时间？

Lese- und Schreibübungen

1. Zeichnen Sie folgende Schriftzeichen in der richtigen Strichfolge nach. Schreiben Sie die Schriftzeichen dann in die leeren Kästchen.

表	一 二 キ 圭 夬 夫 表 表	表	表				
卅	丿 丿丨 川 卅	卅	卅				

官	、丶宀宁守官官官	官	官				
正	一丁下正正	正	正				
式	一二二丁式式	式	式				

2. Schreiben Sie die Schriftzeichen in die leeren Kästchen. Achten Sie auf die Komponenten der Schriftzeichen.

bǎ	扌 + 巴	把					
wàng	亡 + 心	忘					
tú	囗 + 冬	图					
guǎn	饣 + 官	馆					
shì	宀 + 至	室					
jiè	亻 + 卄 + 日	借					
zhèng	讠 + 正	证					
tián	扌 + 真	填					
dài	卅 + 冖 + 巾	带					
màn	忄 + 日 + 罒 + 又	慢					
huó	氵 + 舌	活					
xìng	忄 + 生	性					
bié	口 + 力 + 刂	别					
zhí	耳 + 只	职					

16

jiāo	亠 + 父	交						
kǎo	耂 + 丂	考						
shì	讠 + 式	试						
cuò	钅 + 昔	错						
fān	釆 + 田 + 习 + 习	翻						
yì	讠 + 又 + 卄	译						
xīn	立 + 木 + 斤	新						
fá	罒 + 讠 + 刂	罚						
kuǎn	士 + 示 + 欠	款						
nǎo	月 + 亠 + 凶	脑						
chá	木 + 日 + 一	查						
shí	宀 + 头	实						

3. **Schreiben Sie entsprechend der *Pinyin* – Transkription die Schriftzeichen auf, übersetzen Sie die Wörter ins Deutsche.**

    （1）xìng _____ 名

           xìng _____ 别

    （2）蛋 gāo _____

           gāo _____ 兴

    （3）kuài _____ 乐

          两 kuài _____

    （4）办 gōng _____

          gōng _____ 作

    （5）zì _____ 己

写 zì _____

4. Geben Sie die *Pinyin* – Transkription folgender Gruppen von Wörtern an und übersetzen Sie sie ins Deutsche. Versuchen Sie, die Bedeutung von unbekannten Wörtern zu erschließen. Vergewissern Sie sich bei Ihren Kommilitonen oder Lehrern, oder nehmen Sie ein Wörterbuch zur Hand.

    （1）借书证
         学生证
         工作证
    （2）电脑
         电话
         电影
    （3）办公室
         休息室
         学习室
    （4）图书馆
         美术馆
         游泳馆
    （5）课本
         汉语课本
         实用汉语课本
         新实用汉语课本

5. Schreiben Sie die Wörter entsprechend der *Pinyin* – Transkription in Schriftzeichen und geben Sie die *Pinyin* – Transkription der Schriftzeichen an.

    （1）jìnlai   （2）chūqu
    （3）jièshūzhèng   （4）túshūguǎn
    （5）办公室   （6）交罚款
    （7）自己的性别   （8）还书

6. Wählen Sie das richtige Schriftzeichen aus.
    （1）你把工作证_____来了吗？
           （A. 常   B. 带   C. 帮）
    （2）我们先去把借书证_____了，再去借书。
           （A. 为   B. 力   C. 办）

（3）你自_____把这张表填好。
　　　　（A. 已　　　B. 己　　　C. 巳）
（4）他到休息_____去了。
　　　　（A. 室　　　B. 试　　　C. 是）

7. Ergänzen Sie entsprechend der *Pinyin* – Transkription die Schriftzeichen.

　　　丁力波跟宋华一起去北京图书馆 jiè _____书。丁力波没有借书
证。他得先办借书 zhèng _____。图书馆工作人员给了他一张 biǎo
_____，要他 tián _____。丁力波想请宋华帮他填。宋华要他自己
填。丁力波不知道 xìng _____别和 zhí _____业应该怎么填，宋华
告诉他，性别填"男"，职业填"学生"。丁力波把表和照片给了工作人员，
那位工作人员看了看丁力波填的表，说丁力波的汉字写得 zhēn _____
漂亮。丁力波说："哪里，哪里！我写得很 màn _____。"

8. Schriftzeichenrätsel.

（1）左边写一个月，
　　　右边写一个月。
　　　他写字写得慢，
　　　一字写了两个月。

　　　　　（Die Lösung ist ein Schriftzeichen.）

（2）一人一口，
　　　只用手。

　　　　　（Die Lösung ist ein Schriftzeichen.）

> Schlüssel zum Rätsel aus Lektion 15: 从

9. Setzen Sie "来" oder "去" ein.

（1）谁啊，进_____。
（2）我们上课的时候，老师出_____了。
（3）我的一个朋友从加拿大给我打电话说："你们到加拿大_____吧!"
（4）那儿没有门，我们从这儿出_____吧。
（5）力波从上海回_____了没有？
（6）我姐姐下个星期要到西雅图_____。

（7）你要到图书馆办借书证，得带照片＿＿＿＿＿＿＿。

（8）你们等一等，一会儿他就从五楼下＿＿＿＿＿＿＿。

10. **Wählen Sie das richtige Wort aus.**

（1）今天我们学习语法，你们＿＿＿＿＿＿＿语法书来了吗？

      A. 学　　B. 带　　C. 买　　D. 填

（2）您的书过期了，您得＿＿＿＿＿＿＿罚款。

      A. 交　　B. 送　　C. 取　　D. 办

（3）认识您很高兴，有时间来我家＿＿＿＿＿＿＿。

      A. 住住　B. 找找　C. 查查　D. 坐坐

（4）我＿＿＿＿＿＿＿那本书的名字忘了。

      A. 给　　B. 想　　C. 把　　D. 跟

11. **Verbinden Sie die Wörter aus Spalte I mit denen aus Spalte II zu Sätzen.**

I	II
快进来，	把钱换了。
这张表	今天下午得把练习做了。
刘老师说	外面太冷！
他们在银行等了一个小时，	我把这事儿忘了。
今天是她的生日吗？	你应该自己填。

12. **Bringen Sie die Wörter in die richtige Reihenfolge.**

（1）下楼　得　我们　那儿　从　去

（2）交　练习　他　昨天　了　把

（3）了　明信片　妈妈　我　去　给　寄

（4）林娜　力波　换　银行　去　一起　跟　钱

（5）那儿　半　等　我　个　在　了　小时

20

13. Bilden Sie mit den vorgegebenen Wörtern Sätze.

（1）进　办公室　　　　来

（2）回　宿舍　　　　　去

（3）到　北京图书馆　　去

（4）上　茶楼　　　　　来

（5）到　我妹妹家　　　去

14. Formen Sie folgende Sätze in "把"-Sätze um.

（1）你们应该先办借书证。→

（2）我忘了她的生日。→

（3）今天他洗了衣服。→

（4）小林去银行换钱了。→

（5）小姐，请您先还上次借的书。→

（6）喝了茶，吃了东西，看了报，新的一天开始了。→

（7）你填了表吗？→

15. Übersetzen Sie die Sätze ins Deutsche.

（1）请把您的护照给我。

（2）你带没带借书证来？

（3）力波学汉语学了半年，他学得还可以。

（4）她翻译没有考三个小时，她考了两个半小时。

（5）你把表填了，就可以出去了。

16. **Entscheiden Sie, ob die Sätze grammatisch korrekt（r）sind oder nicht（f）.**

（1）我已经写了一点小时。　　　　　　　（　　）

（2）一会儿那个老师就学生证给你。　　　（　　）

（3）三楼到了，是那个办公室，我们进来吧。（　　）

（4）我借的书没有过期。　　　　　　　　（　　）

（5）你们的书可以借两个月吗？　　　　　（　　）

17. **Entscheiden Sie aufgrund des Textes aus dem Abschnitt "Lesen und Nacherzählen" aus dieser Lektion, ob die Aussagen richtig（r）oder falsch（f）sind.**

（1）广东的老人都起得很晚。　　　　　　　（　　）

（2）茶楼里的老人很多。　　　　　　　　　（　　）

（3）茶楼也是锻炼身体的地方。　　　　　　（　　）

（4）王先生每天都带报纸去茶楼。　　　　　（　　）

（5）孩子们不喜欢去茶楼。　　　　　　　　（　　）

（6）年轻人不喝茶，也不看报，只喜欢在一起玩儿。（　　）

（7）广东人喝茶，喝的是茶楼里的热闹。　　（　　）

（8）广东人喜欢从茶楼开始的生活。　　　　（　　）

18. **Beantworten Sie folgende Fragen.**

（1）你喜欢喝茶吗？喜欢喝什么茶？

（2）如果(rúguǒ, wenn, falls)你不喜欢喝茶，你喜欢喝什么？

（3）你喜欢去哪个茶楼、酒吧(jiǔbā, Bar, Kneipe)或咖啡馆？给大家介绍一下。

19. **Verwenden Sie mindestens acht Wörter oder Wortgruppen aus der folgenden Liste, um das Zahlen einer Geldstrafe zu beschreiben.**

到……去　喜欢　想　参观　一会儿　打电话　借　租　有名　漂亮
打工　可能　愿意　帮助　晚　慢　过期　罚款　交　了

这件旗袍比那件漂亮

Hör- und Sprechübungen

1. **Aussprecheübungen.**

   Lesen Sie folgende Wörter und Wortgruppen laut. Achten Sie auf die Aussprache von z, c und s.

   z——再见　昨天走得很早　他自己在家　衣服很脏　租房子怎么样
   坐公共汽车　做练习

   c——三层的餐厅　参观兵马俑　从厕所出来　这次休息得还可以
   参加聚会

   s——常常散步　嗓子很好　宋华的宿舍　司机的孙女儿四岁
   送一件丝绸的衬衫

2. **Hören Sie die Fragen und markieren Sie die richtigen Antworten.**
   （1）A. 二十年　　　B. 半年　　　　C. 一年半　　　D. 两年
   （2）A. 中式衣服　B. 西服　　　　C. 旗袍　　　　D. 红色的衣服
   （3）A. 他要去中国　　　　B. 他要回加拿大
   　　　C. 他要送小云礼物　D. 他要开始学太极拳
   （4）A. 很贵的　B. 很便宜的　C. 不太贵也不太便宜的　D. 都可以
   （5）A. 大商场　B. 小商场　　　C. 公园　　　D. 王府井

3. **Hören Sie den Dialog und beantworten Sie die Fragen.**
   （1）女的在做什么？
   （2）男的是跟她一起来买鞋子的吗？
   （3）她想买什么样的鞋子？
   （4）她试了几双鞋子？
   （5）她买鞋子了吗？那双鞋子多少钱？

4. Hören und ergänzen Sie.

（1）昨天_____今天冷一点儿。

（2）张先生比我们知道_____多_____了。

（3）上海的大商场多_____。

（4）我喜欢红色的旗袍,她喜欢_____。

（5）那件衣服 180 元,这件 99 元,这件比那件_____。

（6）你喜欢喝什么,茶_____咖啡?

（7）_____明年开始我_____学习音乐。

（8）这儿的光盘非常多,你们可以_____多_____。

5. Hören Sie und schreiben Sie die Sätze in *Pinyin* auf.

（1）_____

（2）_____

（3）_____

（4）_____

（5）_____

6. Hören Sie und schreiben Sie die Schriftzeichen auf.

（1）_____

（2）_____

（3）_____

（4）_____

（5）_____

7. Rollenspiel.

Hören Sie den Dialog und spielen Sie ihn zu zweit nach. Versuchen Sie den Dialog mit Hilfe Ihrer Kommilitonen, Lehrer oder mit einem Wörterbuch zu verstehen.

8. Kulturelle Erfahrungen.

（1）告诉你的朋友你喜欢什么颜色,说说为什么。

（2）去唐人街(Tángrénjiē, Chinesenviertel, Chinatown)的中国商店买你喜欢的东西,要买又便宜又好的。

9. Lesen Sie die folgende Werbeanzeige und sprechen Sie zu zweit über die Preise der Waren. Vergleichen Sie die Preise mit denen eines anderen Einkaufszentrums.

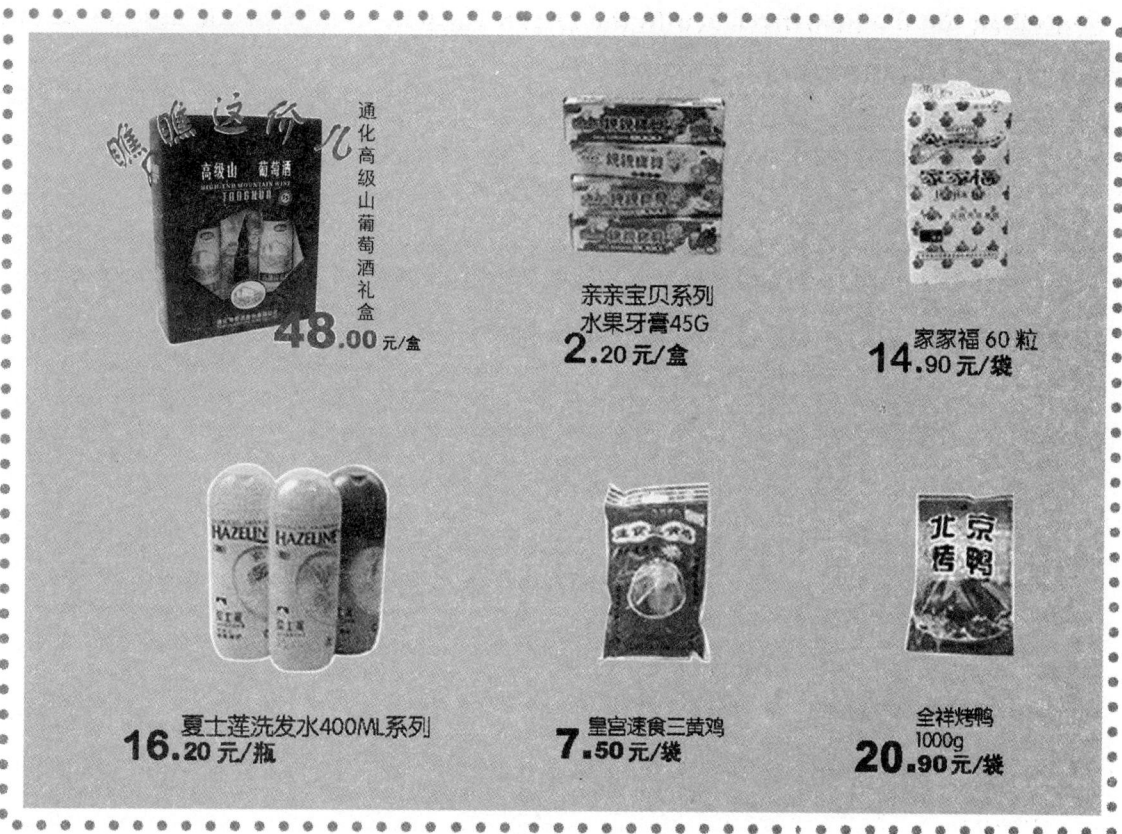

Lese- und Schreibübungen

1. **Zeichnen Sie folgende Schriftzeichen in der richtigen Strichfolge nach. Schreiben Sie die Schriftzeichen dann in die leeren Kästchen.**

比	㇑ ㇘ 比比	比	比					
已	㇕ ㇕ 已	已	已					
及	ノ 乃及	及	及					
产	丶 亠 立 产	产	产					
黑	丶 ㇆ ㇆ ㇏ 四 四 甲 里 黑 黑黑黑	黑	黑					
丝	㇄ ㇄ 纟 丝丝	丝	丝					

25

2. Schreiben Sie die Schriftzeichen in die leeren Kästchen. Achten Sie auf die Komponenten der Schriftzeichen.

qí	方 + 𠂉 + 其	旗						
páo	衤 + 包	袍						
mài	十 + 买	卖						
diàn	广 + 占	店						
jí	木 + 及	极						
dìng	宀 + 疋	定						
shǐ	女 + 厶 + 口	始						
quán	㳚 + 手	拳						
tào	大 + 镸	套						
shuài	丿 + 巾	帅						
yán	产 + 彡 + 页	颜						
sè	𠂊 + 巴	色						
pián	亻 + 更	便						
yí	宀 + 且	宜						
guān	丷 + 天	关						
yuán	囗 + 元	园						
chèn	衤 + 寸	衬						
shān	衤 + 彡	衫						

lǜ	纟 + 录	绿					
shòu	隹 + 口	售					
huò	化 + 贝	货					
shì	舌 + 辶	适					
duǎn	矢 + 豆	短					
má	广 + 林	麻					
fán	火 + 页	烦					
chóu	纟 + 周	绸					

3. **Geben Sie die *Pinyin* – Transkription folgender Wörter an und übersetzen Sie sie ins Deutsche. Versuchen Sie, die Bedeutung von unbekannten Wörtern zu erschließen. Vergewissern Sie sich bei Ihren Kommilitonen oder Lehrern, oder nehmen Sie ein Wörterbuch zur Hand.**

（1）大——小 → 大小

（2）多——少 → 多少

（3）长——短 → 长短

（4）快——慢 → 快慢

（5）早——晚 → 早晚

（6）黑——白 → 黑白

（7）买——卖 → 买卖

（8）开——关 → 开关

4. Geben Sie die *Pinyin* – Transkription folgender Gruppen von Wörtern an und übersetzen Sie sie ins Deutsche. Versuchen Sie, die Bedeutung von unbekannten Wörtern zu erschließen. Vergewissern Sie sich bei Ihren Kommilitonen oder Lehrern, oder nehmen Sie ein Wörterbuch zur Hand.

（1）店——商店　饭店　书店　水果店

（2）员——职员　售货员　售票员　办事员

（3）式——中式　西式　样式　新式　老式

（4）色——颜色　黑色　白色　绿色　红色　咖啡色

（5）公——公司　公园　公分　公共

5. Geben Sie die *Pinyin* – Transkription der Schriftzeichen an und schreiben Sie die Wörter entsprechend der *Pinyin* – Transkription in Schriftzeichen.

　　（1）旗袍　　　　　　　　（2）商店
　　（3）没关系　　　　　　　（4）太极拳
　　（5）kāishǐ　　　　　　　（6）xiǎoshí
　　（7）shòuhuòyuán　　　　 （8）máfan

6. **Ergänzen Sie entsprechend der *Pinyin* – Transkription die Schriftzeichen.**

　　　丁力波去王府井百货大楼买了一套中 shì _____ 衣服,是白色丝绸的。他觉得中式衣服比西服便 yi _____。他穿中式衣服去 dǎ _____ 太 jí _____ 拳,大家都说:"丁力波真是一个 shuài _____ 哥儿。"马大为也想去买一套。他比丁力波高,试了试商 diàn _____ 卖的中式衣服,长短都不太合适。售 huò _____ 员问他喜欢什么颜色的衣服?马大为说,他喜欢 hēi _____ 色的衣服。可是,现在没有合适的大号衣服。售货员告诉他,没关系,他可以定做(dìngzuò, Kleidung nach Maß fertigen lassen)一套。定做比买贵一点儿,一个星期就可以做好。马大为想了想,他就定做了一套黑色丝绸的中式衣服。

7. Ergänzen Sie Komponenten auf allen Seiten des Zeichens „口", so dass Schriftzeichen gebildet werden, die Sie bereits gelernt haben.

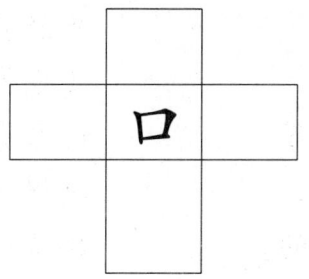

Schlüssel zum Rätsel aus Lektion 16: 朋, 拿

8. Setzen Sie „比", „得多", „多了", „一点儿" oder „极了"ein.
(1) 哥哥_____弟弟高。
(2) 他常常_____妹妹知道_____。
(3) 这件 49 块,那件 50 块,这件比那件便宜_____。
(4) 小商店的东西不_____大商店的东西差。
(5) 北京的苹果好吃_____。
(6) 中文系 800 人,外语系 300 人,中文系的学生_____外语系的多_____。
(7) 爸爸比小明高_____,也胖_____。
(8) 中国的上海这几年发展得快_____。

9. Wählen Sie das richtige Wort aus.
(1) 那件红的太大,那件黑的有点儿小,这件白的很_____。
     A. 不大   B. 合适   C. 不小   D. 颜色好
(2) 那个中国留学生来这儿_____时间了?
     A. 很多   B. 多少   C. 多长   D. 多久
(3) 这个商场的售货员比那个商场_____多。
     A. 得   B. 得多   C. 很   D. 的
(4) 汉语词典 48 元,英语词典 28 元,汉语词典比英语词典_____20 元。
     A. 得多   B. 贵   C. 少   D. 便宜

10. Verbinden Sie die Wörter aus Spalte I mit denen aus Spalte II zu Sätzen.

I	II
这件不太合适，	我的脏衣服比妹妹的多得多。
上海人普通话	头发有点儿白。
李教授已经五十多了，	比布的贵多了。
我没有时间洗衣服，	说得比广东人流利。
她穿的衬衫是丝绸的，	再试试那件吧。

11. Bringen Sie die Wörter in die richtige Reihenfolge.

（1）了 极 这 衬衫 丝绸 漂亮 件

（2）图书馆 了 小时 已经 去 他 个 三

（3）公分 五 红的 白的 那件 这件 长 比

（4）她 得 法语 我 流利 比 说

（5）相声 写 王 短 六 很 先生 了 今年 个 的

12. Bilden Sie mit den vorgegebenen Wörtern Sätze.

（1）照片　　　比　　新
（2）书　　　　比　　贵
（3）老师　　　比　　高
（4）图书馆　　比　　大
（5）姐姐的衣服　比　漂亮

13. Formen Sie die folgenden Sätze mit "比" um.

（1）中式衣服一件180元，西装一套680元。→

（2）力波学了五年法语，学了半年汉语。→

（3）中国学生有4000人，外国学生有6000人。→

30

（4）哥哥 176 公分，弟弟 179 公分。→

（5）小云的表现在 11 点 5 分，马大为的表 11 点 2 分。→

14. Übersetzen Sie die Sätze ins Deutsche.

（1）他的电脑的样子比我的好，也比我的贵。

（2）这件衣服的颜色不比那件好，但比那件贵。

（3）我们系比他们系少 75 个学生。

（4）你去问问那位小姐吧，她应该知道得比我多。

（5）李力的爸爸来北京已经二十多年了，比李力的妈妈来得早多了。

15. Entscheiden Sie, ob die Sätze grammatisch korrekt（r）sind oder nicht（f）.

（1）她比她朋友喜欢极了中国音乐。　　　　（　　）
（2）这个商店比那个商店衣服做得好。　　　（　　）
（3）这台电脑比他的非常新。　　　　　　　（　　）
（4）北京大学比清华大学多一千名学生。　　（　　）
（5）衬衫有白的，有黑的，他买了白，我买了黑。（　　）
（6）我的表三点，你的表怎么已经五点了？　（　　）
（7）你做练习有问题，可以来问问我。　　　（　　）
（8）小地方的东西不差比大地方的。　　　　（　　）

16. Beantworten Sie die Fragen aufgrund des Textes aus dem Abschnitt "Lesen und Nacherzählen" aus dieser Lektion.

（1）谁是王先生？A 还是 B？

（2）他们两个人谁今年写相声了？

（3）谁写的相声多？多多少？

（4）谁翻译了一本书？

（5）B 翻译的书比 A 翻译的薄多少页？

（6）谁穿的衬衫不是丝绸的？

（7）谁年龄大一点儿，个子也高一点儿？

（8）谁喜欢说"不客气"？你觉得谁谦虚（qiānxū, bescheiden）点儿？

17. Beantworten Sie folgende Fragen.

（1）你们班谁大？他/她比你大多少岁？

（2）你们班谁高？他/她比你高多少公分？

（3）你们班谁穿的鞋子大？他/她穿的是多少号的？

18. Lesen Sie den Text und beantworten Sie die Fragen.

张民买自行车（zìxíngchē, Fahrrad）

张民是个老农民（nóngmín, Bauer），今天他要进城去买一辆（liàng, ZEW für Fahrzeuge）新自行车。张民到了城里，城里人多极了，商店也很多，一个比一个大。他先进了一个商店，这个商店的自行车不太漂亮，也不太贵；他进了一个商场，这个商场的自行车比那个商店的自行车漂亮多了，可是也贵多了；他又去一个公司，这个公司的自行车不比那个商店的自行车漂亮，可是比那个商场的自行车贵得多。张民看了一个下午，又回商店去，在那儿买了一辆不太漂亮也不太贵的自行车。

（1）张民是做什么的？

（2）他今天为什么要进城？

（3）城里的人多吗？商店多吗？

（4）他进了几个商店、商场和公司？那儿的自行车都贵吗？

（5）他买了自行车了吗？在哪儿买的？是一辆什么样儿的自行车？

19. **Schreiben Sie mit den Schriftzeichen, die Sie gelernt haben, einen kurzen Text zum Thema "Mein Freund"（über 100 Schriftzeichen）. Verwenden Sie folgende Wörter und Wortgruppen.**

（比我大、不比我高、说得比我流利、考试比我好、写得比他快、中式衣服、黑色、觉得、帅）

我的朋友

20. **Verwenden Sie mindestens acht Wörter oder Wortgruppen aus der folgenden Liste, um einen Einkauf zu beschreiben.**

商场　极了　车　颜色　比　贵　便宜　多了　已经　大　长　公分
元　新　旧　听说　一点儿　打折　不是　就是　合适　高兴

第十八课
Lektion 18

我听懂了，可是记错了

Hör- und Sprechübungen

1. Ausspracheübungen.

Lesen Sie folgende Wörter und Wortgruppen laut. Achten Sie auf die Aussprache von zh, ch, sh und r.

zh——祝贺　职业　住院　汽车站　中式衣服　张教授找工作
　　　这张照片真漂亮　中文专业

ch——查词典　坐公共汽车的乘客　常常在厨房吃饭
　　　陈老师是1970年出生的　穿长衬衫

sh——售货员　多少　试试旗袍　数一数　上海的商场　上午要上课
　　　谁的身体不舒服　圣诞是他的生日　没有时间看生词

　r——找您十块人民币　让英国人来上英国文学课　认识两位美国人
　　　汉语容易不容易

2. Hören Sie die Fragen und markieren Sie die richtigen Antworten.

(1) A. 寄信　　　B. 寄包裹　　　C. 取钱　　　D. 买大词典

(2) A. 五本　　　B. 两本　　　C. 三本　　　D. 四本

(3) A. 中国　　　B. 英国　　　C. 美国　　　D. 加拿大

(4) A. 航空比海运贵　　　B. 航空比海运快得多
　　　C. 海运得去海关取　　　D. 海运不能寄包裹

(5) A. 西直门　　　B. 东直门　　　C. 建国门　　　D. 前门

3. Hören Sie den Dialog und beantworten Sie die Fragen.

(1) 他们在哪儿？

(2) 男的来邮局做什么？

(3) 他一共买了多少张5块的邮票？

（4）他给了工作人员多少钱？工作人员找了他多少钱？

（5）他把包裹通知单带去了吗？

（6）他把什么忘了？

4. **Hören und ergänzen Sie.**

（1）那个上海人说的话你都听_____了吗？

（2）你明天去办借书证，别忘了把照片带_____。

（3）我们学校_____那位有名的教授请_____了。

（4）那个包裹不能寄，它_____包_____。

（5）这是 375 路公共汽车，您_____坐_____。

5. **Hören Sie und schreiben Sie die Sätze in *Pinyin* auf.**

（1）_____

（2）_____

（3）_____

（4）_____

（5）_____

6. **Hören Sie und schreiben Sie die Schriftzeichen auf.**

（1）_____

（2）_____

（3）_____

（4）_____

（5）_____

7. **Rollenspiel.**

Hören Sie den Dialog und spielen Sie ihn zu zweit nach. Versuchen Sie den Dialog mit Hilfe Ihrer Kommilitonen, Lehrer oder mit einem Wörterbuch zu verstehen.

8. **Kulturelle Erfahrungen.**

（1）去邮局寄一个包裹，回来跟你的朋友说说这件事儿。

（2）坐公共汽车和地铁从你家到学校，看看都经过哪儿？用汉字写一写。

（3）在中国，很多人坐公共汽车买月票，问问你的朋友或老师——什么是月票。

9. **Lesen Sie die folgenden Texte. Worum handelt es sich?**

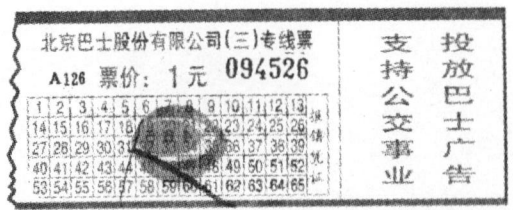

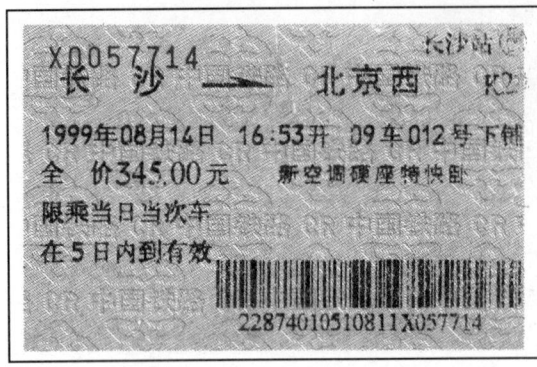

Lese- und Schreibübungen

1. **Zeichnen Sie folgende Schriftzeichen in der richtigen Strichfolge nach. Schreiben Sie die Schriftzeichen dann in die leeren Kästchen.**

巴	フ コ 巴	巴	巴				
弗	フ フ 弓 弗 弗	弗	弗				
象	ノ ク ケ 色 色 多 多 象 象 象	象	象				
聿	フ コ ヨ ヨ 津 聿	聿	聿				

乘	一 二 千 千 千 千 乖 乖 乘 乘	乘	乘				
失	丿 ㇒ 二 牛 失	失	失				

2. **Schreiben Sie die Schriftzeichen in die leeren Kästchen. Achten Sie auf die Komponenten der Schriftzeichen.**

jì	讠 + 己	记						
bāo	勹 + 巳	包						
guǒ	亠 + 果 + 衣	裹						
xiē	止 + 匕 + 二	些						
diǎn	曲 + 八	典						
jiù	丨 + 日	旧						
wǎng	彳 + 主	往						
háng	舟 + 亠 + 几	航						
kōng	宀 + 工	空						
yùn	云 + 辶	运						
fèi	弗 + 贝	费						
qǔ	耳 + 又	取						
dān	丷 + 甲	单						
hù	扌 + 户	护						
kè	宀 + 夂 + 口	客						

jiàn	聿 + 廴	建						
lù	𧾷 + 各	路						
qì	氵 + 气	汽						
xiàng	亻 + 象	像						
zán	口 + 自	咱						
piào	覀 + 示	票						
biān	力 + 辶	边						
zhàn	立 + 占	站						
dì	土 + 也	地						
tiě	钅 + 失	铁						
fàng	方 + 攵	放						
zāo	米 + 一 + 曲 + 日	糟						
qián	丷 + 一 + 月 + 刂	前						

3. Geben Sie die *Pinyin* – Transkription folgender Wörter und Wortgruppen an und übersetzen Sie sie ins Deutsche.

    （1）往前走

         住前门

    （2）不错

         不借

    （3）客气

         容易

    （4）买票

         也要

（5）邮费
　　很贵

4. **Geben Sie die *Pinyin* – Transkription folgender Gruppen von Wörtern an und übersetzen Sie sie ins Deutsche. Versuchen Sie, die Bedeutung von unbekannten Wörtern zu erschließen. Vergewissern Sie sich bei Ihren Kommilitonen oder Lehrern, oder nehmen Sie ein Wörterbuch zur Hand.**

（1）邮——邮局　邮费　邮票　邮寄

（2）边——里边　外边　前边　后边

（3）客——客气　客人　客厅　乘客

（4）航——航空　航海　航运　航行

（5）车——汽车　电车　火车　马车　货车　客车

5. **Geben Sie die *Pinyin* – Transkription der Schriftzeichen an und schreiben Sie die Wörter entsprechend der *Pinyin* – Transkription in Schriftzeichen.**

（1）换乘地铁　　　　　　　　（2）海运的邮费

（3）包裹没有包好　　　　　　（4）请大家喝咖啡

（5）fákuǎn tōngzhīdān　　　　（6）xìnfēng shang de míngzi

（7）dào Xī'ān de chéngkè　　　（8）liànxí zuò cuò le

6. **Ergänzen Sie entsprechend der *Pinyin* – Transkription die Schriftzeichen.**

　　马大为去邮 jú ＿＿＿＿寄包 guǒ ＿＿＿＿。工作人员让他把包裹打 kāi ＿＿＿＿看一看。包裹里边都是书：四本中文书，两本英文书，这六本书都是 xīn ＿＿＿＿的。还有一本大词典，是 jiù ＿＿＿＿的。工作人员看了看，就要马大为把包裹包好，还要他 tián ＿＿＿＿一张寄包裹 dān ＿＿＿＿。马大为填好了包裹单，工作人员问他："您要寄 wǎng

_____美国，寄 háng _____空还是海运？"马大为说："航空邮 fèi _____比海运贵，可是比海运快得多，寄航空吧。"他用了106块钱的邮费，是很贵。

7. **Ergänzen Sie Komponenten auf allen Seiten des Zeichens "日", so dass Schriftzeichen gebildet werden, die Sie bereits gelernt haben.**

8. **Setzen Sie Ergebniskomplemente ein.**

（1）邮票已经都贴_____了。

（2）请把你的护照拿_____。

（3）我没有听_____售票员的话，坐_____了车。

（4）专业课的练习我都做_____了，教授很高兴。

（5）现在是12月，南方的天气都变_____了。

9. **Wählen Sie das richtige Wort aus.**

（1）这是你的护照，请把名字写_____。

     A. 下   B. 上   C. 来   D. 去

（2）她外婆很喜欢听音乐，_____喜欢买音乐光盘。

     A. 也   B. 都   C. 没   D. 再

（3）_____你的礼物和衣服包好，该你寄了。

     A. 请   B. 拿   C. 把   D. 带

（4）我要_____英国打一个电话，祝哥哥生日快乐。

     A. 在   B. 从   C. 到   D. 往

（5）咱们的衬衫都是白的，可是这件衬衫比我的小得多，你一定又

_____错了。

      A. 借   B. 穿   C. 买   D. 寄

10. Verbinden Sie die Wörter aus Spalte I mit denen aus Spalte II zu Sätzen.

I	II
下车的乘客	我把大的给我女朋友了。
这些书都寄航空	是王小云刚买的。
那件红旗袍	得 220 块人民币。
现在上课了，	请拿好自己的东西。
我带来了两个苹果，	请大家都坐好。

11. Bringen Sie die Wörter in die richtige Reihenfolge.

（1）多 寄 了 比 航空 慢 海运 寄

（2）护照 办 东单 在 好像

（3）钱 下 到 我 取 星期 要 银行

（4）往 走 下 要 外 请 车 的

（5）今天 带 把 借书证 我 了 来

12. Bilden Sie mit den vorgegebenen Wörtern Sätze.

（1）把……给……
（2）往
（3）得(děi)
（4）极了
（5）糟糕

13. Formen Sie die Sätze entsprechend der Angaben in Klammern um.

（1）书店的工作人员说的话, 马大为都听懂了。 (negierter Satz)

（2）你的包裹通知单，请给我。（"把"-Satz）

（3）我把林娜的书都带来了。（"吗"-Frage）

（4）爸爸给奶奶买了一套音乐光盘。（Frage mit Fragepronomen）

（5）她下车时没有拿好自己的东西。（"吗"-Frage）

14. **Übersetzen Sie die Sätze ins Deutsche.**
   （1）你听懂今天老师讲的语法了吗？

   （2）我的小女儿想给外婆"寄"一间大房子。

   （3）那张长城的明信片是不是你朋友的？

   （4）语言学院的电话号码我听懂了，可是记错了。

   （5）请把你们填好的表给那位老师。

15. **Entscheiden Sie, ob die Sätze grammatisch korrekt（r）sind oder nicht（f）.**
   （1）请您通知单上写上您的名字。   （   ）
   （2）这不是我要的词典，我要的是英文。   （   ）
   （3）我把那些照片都给大家了。   （   ）
   （4）王小姐下午在图书馆等你，别忘了把你的练习本带来。（   ）
   （5）我要取一些英镑，是朋友从英国寄来的。   （   ）

16. **Beantworten Sie die Fragen aufgrund des Textes aus dem Abschnitt "Lesen und Nacherzählen" aus dieser Lektion.**
   （1）爸爸写的两封信的信封是什么颜色的？

   （2）两封信是往哪儿寄的？

（3）儿子为什么把里边的信换了？

（4）儿子做对了还是做错了？

（5）爸爸给奶奶买了什么？为什么？

（6）奶奶让小孙子到哪儿去玩儿？

（7）爸爸和妈妈有没有时间去送儿子？儿子说该怎么办？

（8）儿子昨天的练习做得怎么样？

（9）老师是怎么想的？

（10）儿子每天的练习都是谁做的？昨天的是谁做的？

17. Beantworten Sie folgende Fragen.
（1）你要给朋友寄一个包裹，寄航空要多少钱？寄海运要多少钱？

（2）你常常坐公共汽车吗？你喜欢坐地铁还是公共汽车？为什么？

（3）你每天的练习多不多？你自己不会做练习怎么办？你可能找谁帮助你？

18. Verwenden Sie mindestens acht Wörter oder Wortgruppen aus der folgenden Liste，um eine Busfahrt zu beschreiben.

要　到……去　往　拿　票　坐错　在……下车　换　极了
地铁　里边　外边　售票员　站　乘客　好像

19. Füllen Sie das Formular in Schriftzeichen aus.

国　内　普　通　包　裹　详　情　单		(通知单联)

国　内　普　通　包　裹　详　情　单 （通知单联）

收件人
　　详细地址: ....
　　姓　　名: .... 电　话: ....

寄件人
　　详细地址: ....
　　..
　　姓　　名: ....
　　邮政编码: .... 电　话: ....

领取人证件内容
　　证件名称: ....
　　证件号码: ....
　　发证机关: ....

寄件人声明
如包裹无法投递,请
1. 退还寄件人
2. 抛弃处理
3. 改寄

内　装　何　物

保价金额: 　　元

领取人签章

收件单位公章

包裹号码:
接收局号码:

收寄人员签章:
检查人员签章:

重　量:
单　价:
保价费:
其　他:
共　计:

① 投递局存 一式四份 请用力填写

填写本单前,请认真阅读背面的"使用须知",若认可并遵守,请在此签字..................

44

第十九课
Lektion 19

────────────→

▓▓▓▓▓▓ 中国画跟油画不一样 ▓▓▓▓▓▓

Hör- und Sprechübungen

1. Ausspracheübungen.

Lesen Sie folgende Wörter, Wortgruppen und Redewendungen laut. Achten Sie besonders auf die Töne.

非常好记	锻炼身体	人民日报	中国北京	马马虎虎	游来游去
一幅油画	工作人员	公共汽车	地铁乘客	经过西安	拿好东西
中文词典	英文课本	包好包裹	不好意思	丝绸旗袍	长短合适
没有时间	过期罚款	学习电脑	考试不错	发展很快	英语流利
好久不见	排队换钱	回家写信	办证借书		

2. Hören Sie die Fragen und markieren Sie die richtigen Antworten.

(1) A. 旅行　　　　B. 打太极拳　　　　C. 唱京剧　　　　D. 买中国画

(2) A. 9 岁　　　　B. 10 岁　　　　C. 11 岁　　　　D. 12 岁

(3) A. 当然一样　　　　B. 有点儿不一样

　　C. 没有不一样　　　　D. 很不一样

(4) A. 英国画家画的马　　　B. 徐悲鸿画的马

　　C. 齐白石画的马　　　　D. 力波画的马

(5) A. 用纸　　　B. 用很贵的丝绸　　　C. 用油彩　　　D. 用铅笔

3. Hören Sie den Dialog und beantworten Sie die Fragen.

(1) 男的比女的学得多还是学得少？

(2) 谁学习京剧的时间长？谁京剧唱得好？

(3) 女的学了几年中国画？油画呢？

(4) 男的学油画了吗？

(5) 女的喜欢她学的东西吗？她喜欢什么？

4. Hören und ergänzen Sie.

（1）你的衬衫_____我的颜色一样。

（2）他在书店想找一本_____教育孩子的书,售货员_____他找出了3本。

（3）他学汉语的时间跟我不_____,_____我长两个月。

（4）她每天_____公共汽车回家,然后坐电梯_____楼_____。

（5）中国的画家_____什么画画儿?

5. Hören Sie und schreiben Sie die Sätze in *Pinyin* auf.

（1）_____

（2）_____

（3）_____

（4）_____

（5）_____

6. Hören Sie und schreiben Sie die Schriftzeichen auf.

（1）_____

（2）_____

（3）_____

（4）_____

（5）_____

7. Rollenspiel.

Hören Sie den Dialog und spielen Sie ihn zu zweit nach. Versuchen Sie den Dialog mit Hilfe Ihrer Kommilitonen, Lehrer oder mit einem Wörterbuch zu verstehen.

8. Schauen Sie sich die Bilder an. Sprechen Sie zu zweit über Gemeinsamkeiten und Unterschiede von traditioneller chinesischer Malerei und westlicher Ölmalerei.

Lese- und Schreibübungen

1. Zeichnen Sie folgende Schriftzeichen in der richtigen Strichfolge nach. Schreiben Sie die Schriftzeichen dann in die leeren Kästchen.

天	ノ 二 チ 天	天	天				
斗	ヽ ソ 二 斗	斗	斗				
石	一 プ 不 石 石	石	石				
氏	ノ ୮ F 氏	氏	氏				

2. Schreiben Sie die Schriftzeichen in die leeren Kästchen. Achten Sie auf die Komponenten der Schriftzeichen.

yóu	氵 + 由	油						
huà	一 + 田 + 凵	画						
gǎn	耳 + 攵	敢						
chàng	口 + 日 + 日	唱						
hǔ	虍 + 几	虎						
fú	巾 + 畐	幅						
xú	彳 + 人 + 一 + 朩	徐						
bēi	非 + 心	悲						
hóng	氵 + 工 + 鸟	鸿						
tī	木 + 弟	梯						
xiào	𥫗 + 夭	笑						
cái	木 + 才	材						
liào	米 + 斗	料						
zhǐ	纟 + 氏	纸						
bù	𠂇 + 巾	布						
mò	黑 + 土	墨						
cǎi	采 + 彡	彩						
pǐ	匚 + 儿	匹						

pǎo	足 + 包	跑					
tā	宀 + 匕	它					
fēng	几 + 乂	风					
xiā	虫 + 下	虾					
yóu	氵 + 方 + 宀 + 子	游					
qí	文 + 刂	齐					

3. Schreiben Sie die bisher gelernten Phonoideogramme auf, bei denen die lauttragende Komponente rechts und die bedeutungstragende links steht.

Beispiel：纟：绍、给、绿、绸、经

    （1）女：

    （2）口：

    （3）亻：

    （4）忄：

    （5）钅：

    （6）氵：

    （7）讠：

    （8）扌：

    （9）衤：

   （10）木：

4. Geben Sie die *Pinyin* – Transkription folgender Wörter an und übersetzen Sie sie ins Deutsche.

    （1）游泳

        油画

        邮局

    （2）一幅

        衣服

    （3）大家

参加

（4）跑步

白布

（5）两块

很快

（6）照相

好像

5. **Geben Sie die** *Pinyin* **– Transkription folgender Gruppen von Wörtern an und übersetzen Sie sie ins Deutsche. Versuchen Sie, die Bedeutung von unbekannten Wörtern zu erschließen. Vergewissern Sie sich bei Ihren Kommilitonen oder Lehrern, oder nehmen Sie ein Wörterbuch zur Hand.**

（1）馆——美术馆　图书馆　文化馆

（2）院——剧院　学院　医院　电影院

（3）电——电梯　电车　电话

（4）发——发展　发烧　发炎

（5）房——房子　房租　厨房

6. **Geben Sie die** *Pinyin* **– Transkription der Schriftzeichen an und schreiben Sie die Wörter entsprechend der** *Pinyin* **– Transkription in Schriftzeichen.**

（1）画中国画   （2）去美术馆参观

（3）徐悲鸿画的马   （4）别开玩笑了

（5）chàng jīngjù   （6）chī de mǎmǎhūhū

（7）zhēn shì bùgǎndāng   （8）ràng wǒ xiǎngxiàng yíxià

7. Ergänzen Sie entsprechend der *Pinyin* – Transkription die Schriftzeichen.

徐悲鸿是中国有 míng _____ 的画家。他从小就喜欢美 shù _____，九岁开始跟他爸爸学习中国画。他常跟他爸爸一起画画儿,卖画儿。

有一次,一个朋友从法国回来,他带了很多 yóu _____ 画回来。油画跟中国画不一样,徐悲鸿非常喜欢油画,他很想去法国留学,学习画油画。

1919 年,徐悲鸿真的到了法国,他去参 guān _____ 了巴黎(Bālí, Paris)的美术馆,看到了很多有名的油画。他高兴极了。他每天都努力学习,后来就成了中国有名的大画家。

8. Schriftzeichenrätsel.

空山有一块田。

(Die Lösung ist ein Schriftzeichen.)

Schlüssel zu Übung 7 aus Lektion 18:音、普;是、星、易、早;旧;明、时、昨、晚

9. Setzen Sie "跟……一样" oder "跟……不一样"ein.

(1) 学钢琴_____学画画儿的方法很_____。

(2) 齐白石画的虾_____徐悲鸿画的马_____美。

(3) 他哥哥_____我哥哥_____喜欢油画。

(4) 她奶奶是上海人,说话_____北京人_____。

(5) 寄信_____寄包裹_____,不一定得去邮局。

10. Wählen Sie das richtige Wort (Wortgruppe) aus.

(1) 丁力波中国画画得怎么样?
    A. 他爱画马   B. 画得很马虎
    C. 他爱画虎   D. 画得马马虎虎

(2) 我们起得太早了,宿舍楼_____没开门呢!
    A. 也   B. 还   C. 真   D. 就

(3) _____,你的翻译课学得比我好啊!
    A. 对不起   B. 没关系
    C. 不敢当   D. 不用

(4) 楼上的人太多了,我们坐电梯_____楼去吧。
    A. 上   B. 下   C. 进   D. 出

(5) 我在这儿过得很好,跟在自己家里_____。

        A. 一样　　　　　　　　　B. 不一样

        C. 很不一样　　　　　　　D. 很一样

11. Verbinden Sie die Wörter aus Spalte I mit denen aus Spalte II zu Sätzen.

          I　　　　　　　　　　　　　　　II

    我很喜欢骑自行车,　　　　　　　我画得还不太好。

    林娜真的去西安了,　　　　　　　总是跟我开玩笑。

    不敢当,　　　　　　　　　　　也骑得很快。

    我们楼的电梯司机　　　　　　　他喜欢自己用布做衣服。

    他的爱好很有意思,　　　　　　是不是?

12. Bringen Sie die Wörter in die richtige Reihenfolge.

(1) 往　只　跑　那　咱们　了　狗　这儿　来

(2) 做　西服　用　跟　中式衣服　做　东西　的　一样　不

(3) 那里　的　两　半　小时　个　他们　音乐　听　在　了

(4) 上　我们　电梯　楼　坐　吗　去

(5) 游来游去　水　虾　可爱　在　里　的

13. Bilden Sie mit den vorgegebenen Wörtern Sätze.

(1) 马马虎虎

(2) 不敢当

(3) 主要

(4) 只(zhǐ)

(5) 别的

14. Formen Sie die Sätze um, verwenden Sie "跟……一样/不一样".

(1) 丁力波很高,他爸爸也很高。→

（2）我的爱好是看电影,我妹妹的爱好是听音乐。→

（3）明天王小明有英语和电脑课,陈里有中文和美术课。→

（4）去美术馆可以坐 103 路公共汽车,去王府井也可以坐 103 路公共汽车。→

（5）力波的包裹在邮局取,大为的包裹在海关取。→

15. Übersetzen Sie die Sätze ins Deutsche.
（1）我已经查了 15 个生词了。

（2）那位画家不用油彩,只用水和墨画马。

（3）我姐姐今年 25 岁,还没男朋友呢。

（4）他是不是坐火车去旅行了?
他坐火车去旅行了,是不是?

（5）管孩子还是不管孩子,真是一个大问题啊!

16. Entscheiden Sie, ob die Sätze grammatisch korrekt（r）sind oder nicht（f）.
（1）老王很喜欢中国画,老张很喜欢油画,他们的爱好不一样。（　　）
（2）他喜欢锻炼,他今天跑一个小时了。（　　）
（3）银行还没开门,李教授在银行门口游来游去。（　　）
（4）徐悲鸿和齐白石都是中国有名的画家。（　　）
（5）我做好练习四十分钟。（　　）

17. Beantworten Sie die Fragen aufgrund des Textes aus dem Abschnitt "Lesen und Nacherzählen" aus dieser Lektion.
（1）女儿为什么常常让我和她妈妈生气?

（2）每个星期天我为什么都不休息？

（3）女儿喜欢学画画还是喜欢学钢琴？

（4）我去书店想找一本什么样的书？

（5）售货员给我找出了几本书？

（6）那三本书的观点一样吗？

（7）中国的孩子晚上11点还要做什么？

（8）你认为应该还是不应该管孩子？为什么？

18. **Beantworten Sie folgende Fragen.**
（1）你每次回家要坐多长时间的车？

（2）你喜欢中国画吗？为什么？

（3）中国画和西方油画，你喜欢哪一种？为什么？

（4）你的爸爸妈妈怎么教育你？他们的方法你觉得好不好？为什么？

（5）以后你想怎么教育你自己的孩子？

（6）你觉得，西方人教育孩子的方法跟中国人的有什么不一样？

19. **Verwenden Sie mindestens acht Wörter oder Wortgruppen aus der folgenden Liste, um einen Ihrer Lieblingsmaler / Lieblingskünstler zu beschreiben.**
参观　美术馆　画　油画　油彩　画儿　纸　布　墨　水　空白
常常　爱好　喜欢　美　跟……一样/不一样　想像　教育　观点
祝贺　排队

第二十课（复习）
Lektion 20（Wiederholung）

过新年

Hör- und Sprechübungen

1. Ausspracheübungen.

Lesen Sie das klassische Gedicht vor.

夜泊瓜洲	Yè Bó Guāzhōu
王安石	Wáng Ānshí

京口瓜洲一水间，　　　Jīngkǒu Guāzhōu yì shuǐ jiān,

钟山只隔数重山。　　　Zhōngshān zhǐ gé shù chóng shān.

春风又绿江南岸，　　　Chūnfēng yòu lǜ Jiāngnán àn,

明月何时照我还？　　　Míngyuè hé shí zhào wǒ huán?

2. Hören Sie die Fragen und markieren Sie die richtigen Antworten.

（1）A. 火锅　　　　B. 火车　　　　C. 蛋糕　　　　D. 烤鸭

（2）A. 吃涮羊肉　　B. 去旅行　　　C. 买光盘　　　D. 演奏民族乐器

（3）A. 衣服　　　　B. 中国画　　　C. 花儿　　　　D. 照相机

（4）A. 出租车　　　B. 火车　　　　C. 公共汽车　　D. 地铁

（5）A. 让他开车　　　　　　　　　B. 让他化妆

　　　C. 让他买些吃的　　　　　　　D. 让他写文章

3. Hören Sie den Dialog und entscheiden Sie, ob die Aussagen richtig（r）oder falsch（f）sind.

（1）北京人都只喜欢在冬天吃火锅。　（　　）

（2）火锅只有涮羊肉和涮牛肉两种。　（　　）

（3）很多火锅店都有空调。　（　　）

（4）很多人都不喜欢吃豆腐和青菜。　（　　）

（5）"青菜豆腐保平安"的意思是：常常吃青菜和豆腐，对人的身体很好。

　　　　　　　　　　　　　　　　　　（　　）

4. Hören und ergänzen Sie.

（1）这个火锅店_____那个一样大。

（2）_____北京的冬天很冷，_____我穿了很多衣服。

（3）你们_____着急，医生已经过_____了。

（4）你们的音乐会票_____？请_____票给工作人员看一下。

（5）你把这件旗袍试一试，我觉得_____那件漂亮_____。

5. Hören Sie und schreiben Sie die Sätze in *Pinyin* auf.

（1）_____

（2）_____

（3）_____

（4）_____

（5）_____

6. Hören Sie und schreiben Sie die Schriftzeichen auf.

（1）_____

（2）_____

（3）_____

（4）_____

（5）_____

7. Rollenspiel.

Hören Sie den Dialog und spielen Sie ihn zu zweit nach. Versuchen Sie den Dialog mit Hilfe Ihrer Kommilitonen, Lehrer oder mit einem Wörterbuch zu verstehen.

8. Kulturelle Erfahrungen.

（1）去参加一次中国人的新年聚会，看看他们怎么过新年？告诉他们你们常常怎么过新年，常送什么礼物。

（2）你是哪一年出生的？问问你的中国朋友在中国你应该属什么？

9. Schauen Sie sich die Eintrittskarten an. Um was für Eintrittskarten handelt es sich? Wo finden die Veranstaltungen statt?

Lese- und Schreibübungen

1. **Zeichnen Sie folgende Schriftzeichen in der richtigen Strichfolge nach. Schreiben Sie die Schriftzeichen dann in die leeren Kästchen.**

丸	丿九丸	丸	丸				
曲	丨冂曰由曲曲	曲	曲				

2. Schreiben Sie die Schriftzeichen in die leeren Kästchen. Achten Sie auf die Komponenten der Schriftzeichen.

guō	钅 + 口 + 内	锅					
yīn	口 + 大	因					
shuàn	氵 + 尸 + 巾 + 刂	涮					
ròu	冂 + 人 + 人	肉					
rè	扌 + 九 + 灬	热					
jiāo	交 + 阝	郊					
qū	匚 + 乂	区					
huò	戈 + 口 + 一	或					
huà	亻 + 匕	化					
zhuāng	丬 + 女	妆					
zú	方 + 𠂉 + 矢	族					
qì	口 + 口 + 犬 + 口 + 口	器					
yǎn	氵 + 宀 + 一 + 由 + 八	演					
zòu	夫 + 天	奏					
guàn	忄 + 毌 + 贝	惯					
huā	艹 + 化	花					
xiàng	木 + 目	相					
páng	㐱 + 方	旁					

piān	竹 + 户 + 冊	篇					
zhāng	立 + 早	章					
gōng	共 + 小	恭					
zháo	羊 + 目	着					
jí	勹 + ⺕ + 心	急					
chūn	夫 + 日	春					
jiāng	氵 + 工	江					
yè	亠 + 亻 + 夂	夜					

3. Schreiben Sie die *Pinyin* – Transkription folgender Phonoideogramme auf, bei denen die lauttragende Komponente links und die bedeutungstragende rechts steht. Geben Sie die deutsche Bedeutung der Schriftzeichen an.

      （1）放
      （2）翻
      （3）刚
      （4）故
      （5）和
      （6）剧
      （7）鸭
      （8）瓶
      （9）颜
    （10）邮

4. Geben Sie die *Pinyin* – Transkription folgender Wörter und Wortgruppen an und übersetzen Sie sie ins Deutsche.

      （1）长城
            院长
      （2）很好
            爱好

（3）还是
还书
（4）觉得
睡觉

5. **Geben Sie die *Pinyin* – Transkription folgender Gruppen von Wörtern an und übersetzen Sie sie ins Deutsche. Versuchen Sie, die Bedeutung von unbekannten Wörtern zu erschließen. Vergewissern Sie sich bei Ihren Kommilitonen oder Lehrern, oder nehmen Sie ein Wörterbuch zur Hand.**

（1）民——民族　民乐　人民

（2）乐——乐器　乐曲　奏乐

（3）名——名称　名片　名字

（4）时——时间　时候　小时

（5）今——今天　今年　今日

（6）明——明天　明年　明日

（7）好——好久　好多　好像

（8）公——公园　公司　公分

（9）可——可能　可以　可是

（10）生——生日　生活　生词

6. **Ergänzen Sie Schriftzeichen und Schriftzeichenkomponenten, um bereits gelernte Schriftzeichen（↓）und Wörter / Wortgruppen（→）zu bilden.**

Beispiel：马 → 兵马俑

　　　↓

妈 → 妈妈；吗 → 好吗

(1) 考 →
　　　↓

(2) 门 →
　　　↓

(3) 票 →
　　　↓

(4) 气 →
　　　↓

(5) 人 →
　　　↓

(6) 式 →
　　　↓

(7) 相 →
　　　↓

(8) 非 →
　　　↓

(9) 工 →
　　　↓

(10) 己 →
　　　↓

7. Geben Sie die *Pinyin* – Transkription der Schriftzeichen an und schreiben Sie die Wörter entsprechend der *Pinyin* – Transkription in Schriftzeichen.

（1）去楼下锻炼

（2）用民族乐器演奏

（3）给林娜送花儿

（4）带一幅画儿来

（5）hái yào mǎi guāngpán

（6）Běijīng rén xǐhuan tīng jīngjù

（7）zhù mǎnián kuàilè

（8）zuò gōnggòng qìchē de rén duō jí le

8. Ergänzen Sie entsprechend der *Pinyin* – Transkription die Schriftzeichen.

　　过新年的时候, 宋华请丁力波他们去家里吃火 guō _____。林娜觉得涮 yáng _____ 肉很好吃, 她问王小云:"是不是 yīn _____ 为冬天冷, 所 yǐ _____ 北京人常吃火锅?"

　　王小云说:"不是这样的。北京人喜欢吃火锅, 夏天 rè _____ 的时候也常吃。北京的涮羊肉跟北京烤鸭一样有名。你知道吗? 涮羊肉这个名字是元朝的一位皇帝给的, 这位皇帝很喜欢吃烤羊肉。有一次, 因为有事儿, 他要早一点儿吃饭, 可是, 他喜欢吃的烤羊肉还没有做, 怎么办呢? 厨师很 zháo _____ 急, 他想了一会儿, 就把羊肉切得跟纸一样薄, 在开水里涮一涮, 再加上作料, 真是好吃极了。皇帝吃得很高兴。他问厨师:'这个菜叫什么名字?'厨师说:'这个菜还没有名字。'皇帝又问:'这个菜是怎么做的?'厨师介绍了一下, 皇帝说:'这个菜就叫涮羊肉吧。'"林娜听了以后, 她说:"有意思。我爸爸妈妈来北京 lǚ _____ 行, 我一定要请他们去吃涮羊肉。"

> { Zusätzliche Vokabeln }

（1）元朝　　EN　　Yuáncháo　　Yuan Dynastie（1206—1368）

（2）皇帝　　N　　huángdì　　Kaiser

（3）厨师　　N　　chúshī　　Koch, Köchin

（4）切　　V　　qiē　　schneiden

62

(5)	薄	Adj	báo	dünn
(6)	开水	N	kāishuǐ	abgekochtes Wasser
(7)	作料	N	zuòliao	Gewürz, Würzmittel
(8)	菜	N	cài	Gericht; Speise, Essen

9. **Ergänzen Sie Komponenten auf allen Seiten des Zeichens "白", so dass Schriftzeichen gebildet werden, die Sie bereits gelernt haben.**

白

Schlüssel zum Rätsel aus Lektion 19: 画

10. **Setzen Sie "再" oder "又"ein.**

(1) 他非常喜欢中国民乐,他说要_____去买一些民乐光盘。

(2) 大为星期天_____来了。

(3) 现在是上午十点,我想下午_____去锻炼锻炼身体。

(4) 糟糕,我_____忘了叫出租车了。

(5) 今天有《春江花月夜》,我_____去晚了。

11. **Wählen Sie das richtige Wort aus.**

(1) 因为今天的练习很多,_____我没去听音乐会。

     A. 就   B. 也   C. 想   D. 所以

(2) 那个人非常高兴,把新书带_____了家。

     A. 来   B. 去   C. 回   D. 走

(3)一个年轻人比别人画_____都快。

     A. 的   B. 得   C. 也   D. 了

(4) 已经六点半了,你的妆化_____了没有?

     A. 得怎么样 B. 好看   C. 正式   D. 好

(5) 王经理今天太忙了,他_____会晚一点儿来。

     A. 愿意   B. 所以   C. 可能   D. 应该

12. Verbinden Sie die Wörter aus Spalte I mit denen aus Spalte II zu Sätzen.

I	II
糟糕，	那比坐火车快多了。
一些北京人跟西方人不一样，	拿来了。
因为昨天很冷，	他们不太习惯听西方音乐。
你们为什么不坐飞机？	所以她穿的衣服很多。
小云把林娜的护照	咱们买的红葡萄酒呢？

13. Bringen Sie die Wörter in die richtige Reihenfolge.

（1）照相机　了　来　忘　别　把　带

（2）吃　北京人　爱　就　火锅

（3）不　年轻人　的　礼物　老年人　一样　的　买　跟　买

（4）他　就　学习　到　上海　去年　了　去

（5）快乐　老人　们　祝　孩子　新年

14. Bilden Sie mit den vorgegebenen Wörtern Sätze.

（1）也可能

（2）着急

（3）因为……所以……

（4）或者

（5）跟……一起……

（6）又

15. Formen Sie die Sätze um, verwenden Sie "因为……所以……".

（1）他的语法考得不太好，他要去图书馆借一本新的汉语课本。

（2）《春江花月夜》的乐曲好听极了，我买了很多光盘送给朋友。

（3）送花儿是西方人的习惯，我过生日的时候很多中国朋友也给我买了花儿。

（4）那儿非常美，你一定要带照相机去。

（5）现在没有公共汽车，他们可能会坐出租车来。

16. Übersetzen Sie die Sätze ins Deutsche.
（1）我弟弟今天已经念了三个小时的课文了。

（2）你的身体怎么还不好？你把医生给你的药都吃了吗？

（3）这个美术馆比那个新的大得多，也高得多。

（4）我们都把护照带来了，你的呢？

（5）他跟咱们不一样，他九岁的时候就开始学汉语了。

17. Entscheiden Sie, ob die Sätze grammatisch korrekt（r）sind oder nicht（f）.
（1）因为爸爸要去参加聚会，所以我穿得很正式。　　　（　　）
（2）天气太热了，他们可能不会去公园玩儿了。　　　　（　　）
（3）你喜欢看京剧、看电影还是看音乐？　　　　　　　（　　）
（4）我们过新年的时候常常出去旅行，或者跟朋友一起吃饭。（　　）
（5）我把京剧票忘了，你能不能给我带来？　　　　　　（　　）

18. Entscheiden Sie aufgrund des Textes aus dem Abschnitt "Lesen und Nacherzählen" aus dieser Lektion, ob die Aussagen richtig（r）oder falsch（f）sind.
（1）朋友们人很多，酒太少，只能大家喝一瓶酒。　（　　）
（2）他们一起喝酒，一起画蛇。　　　　　　　　　（　　）
（3）一个年轻人比别的人画得快。　　　　　　　　（　　）
（4）年轻人给蛇添了脚。　　　　　　　　　　　　（　　）
（5）他旁边的一个人也给蛇添了脚。　　　　　　　（　　）

（6）大家没有把酒给年轻人，因为蛇是没有脚的。（　　）

（7）"画蛇添足"的意思就是做多余的事儿。（　　）

19. Beantworten Sie folgende Fragen.

（1）你听中国民乐吗？你喜欢什么中国民族乐器？

（2）你知道《春江花月夜》吗？它是什么样的乐曲？

（3）你认识"画蛇添足"的人吗？说说他/她是怎么"画蛇添足"的。

（4）你知道别的寓言故事吗？请说一说。

20. Verwenden Sie mindestens acht Wörter oder Wortgruppen aus der folgenden Liste，um ein Konzert zu beschreiben.

新年　音乐会　正式……的时候　穿　化妆　西方　民乐　演奏
乐器　乐曲　因为……所以……　可能　光盘　再

21. Schreiben Sie einen kurzen Text über ein bekanntes Gericht（über 100 Zeichen）.

第二十一课
Lektion 21

→

我们的队员是从不同国家来的

Hör- und Sprechübungen

1. Ausspracheübungen.

Lesen Sie folgende Wörter, Wortgruppen und Sätze laut. Achten Sie auf die Veränderung des dritten Tones.

北京　广州　火车　火锅　北方　海关　打的　小说　小偷
普通话
语言　检查　导游　感人　倒霉　起床　水平　小时　演员
海南岛
比赛　访问　懂事　海运　好像　景色　举办　考试　马上
感兴趣
北边　打算　里边　你的　喜欢　姐姐
很好　管理　古典　孔子　所以　往北　雨景　远景　展览
小伙子
我很好　好久不见　马马虎虎　有五百匹好马

2. Hören Sie die Fragen und markieren Sie die richtigen Antworten.

(1) A. 音乐　　　　B. 油画　　　　C. 足球　　　　D. 京剧
(2) A. 学院队　　　B. 中国大学生队　C. 中国国家队　D. 记者队
(3) A. 低多了　　　B. 高多了　　　C. 快多了　　　D. 一样
(4) A. 他们的人多　　　　　　B. 他们的10号踢得很好
　　 C. 他们的教练很好　　　　D. 他们都跑得很快
(5) A. 后边　　　　B. 前边　　　　C. 右边　　　　D. 左边

3. Hören Sie den Dialog und entscheiden Sie, ob die Aussagen richtig (r) oder falsch (f) sind.

(1) 男的想租房子。　　　　　　　　　　(　　)
(2) 女的出租的房子离语言学院很远。　　(　　)

（3）房子一共有 24 平米。   （   ）

（4）房子里没有阳台。   （   ）

（5）房子旁边没有公园。   （   ）

（6）男的习惯晚上去锻炼身体。   （   ）

（7）到语言学院可以坐 307 路公共汽车。   （   ）

（8）男的不想去看房子。   （   ）

4. Hören und ergänzen Sie.

（1）对不起，我_____有一个_____。

（2）这件事儿，我也_____昨天刚听朋友说的。

（3）那场球赛是在哪儿_____的？

（4）我们班的同学都是_____不同的城市来的。

（5）_____他的女朋友从美国来了，_____我们去饭馆吃了一次
火锅。

5. Hören Sie und schreiben Sie die Sätze in *Pinyin* auf.

（1）_____

（2）_____

（3）_____

（4）_____

（5）_____

6. Hören Sie und schreiben Sie die Schriftzeichen auf.

（1）_____

（2）_____

（3）_____

（4）_____

（5）_____

7. Rollenspiel.

Hören Sie den Dialog und spielen Sie ihn zu zweit nach. Versuchen Sie den Dialog mit
Hilfe Ihrer Kommilitonen, Lehrer oder mit einem Wörterbuch zu verstehen.

8. Diskussion.

（1）在学校里,你参加了什么队? 你们常常参加比赛吗?

（2）你喜欢看足球比赛吗? 你常常是在哪儿看比赛的?

（3）你喜欢什么球? 你喜欢的球队是哪一个?

（4）找职业习惯: 记者的职业习惯——提问题;

　　　　　　　　老师的职业习惯——

　　　　　　　　医生的职业习惯——

　　　　　　　　足球队员的职业习惯——

　　　　　　　　教练的职业习惯——

　　　　　　　　售票员的职业习惯——

　　　　　　　　售货员的职业习惯——

9. Sehen Sie sich die Fotos der Gärten von Suzhou an. Sprechen Sie zu zweit über deren Besonderheiten.

10. Kulturelle Erfahrungen.

　　　在你们那儿的中文报上找一找租房的广告(guǎnggào, Anzeige; Werbung),找一个房租便宜、50 平方米以上、有厨房、卫生间和卧室的房子。

Lese- und Schreibübungen

1. Zeichnen Sie folgende Schriftzeichen in der richtigen Strichfolge nach. Schreiben Sie die Schriftzeichen dann in die leeren Kästchen.

凡	丿几凡	凡	凡					
臣	一丅丆丆匡臣	臣	臣					

2. Schreiben Sie die Schriftzeichen in die leeren Kästchen. Achten Sie auf die Komponenten der Schriftzeichen.

tóng	冂 + 一 + 口	同					
yíng	亡 + 口 + 月 + 贝 + 凡	赢					
sài	宀 + 共 + 贝	赛					
xiào	木 + 交	校					
hòu	厂 + 一 + 口	后					
tí	扌 + 是	提					
tī	𧾷 + 日 + 勿	踢					
zuǒ	𠂇 + 工	左					
yòu	𠂇 + 口	右					
lí	亠 + 凶 + 禸	离					
yuǎn	元 + 辶	远					
guǎi	扌 + 口 + 力	拐					
wèi	卩 + 一	卫					
wò	臣 + 卜	卧					
yáng	阝 + 日	阳					
tái	厶 + 口	台					

3. Schreiben Sie die *Pinyin* – Transkription folgender Phonoideogramme auf, bei denen die lauttragende Komponente unten und die bedeutungstragende oben steht. Geben Sie die deutsche Bedeutung der Schriftzeichen an.

（1）花
（2）寄

(3) 蕉
(4) 篇
(5) 苹
(6) 舍
(7) 药
(8) 房
(9) 爸

4. Geben Sie die *Pinyin* – Transkription folgender Gruppen von Wörtern an und übersetzen Sie sie ins Deutsche. Versuchen Sie, die Bedeutung von unbekannten Wörtern zu erschließen. Vergewissern Sie sich bei Ihren Kommilitonen oder Lehrern, oder nehmen Sie ein Wörterbuch zur Hand.

(1) 学——学习　学生　学院　学校　大学　中学　小学　同学

(2) 以——以后　以前　以上　以下　以内　以外

(3) 边——右边　东边　南边　西边　北边　前边　后边　里边　外边　上边　下边

(4) 年——今年　明年　去年　前年　后年　年轻

(5) 教——教练　教师　教员　教学　教室

5. Ergänzen Sie Schriftzeichen und Schriftzeichenkomponenten, um bereits gelernte Schriftzeichen (↓) und Wörter / Wortgruppen (→) zu bilden.

(1) 冬→
　　　↓

(2) 生→
　　　↓

(3) 长→
　　　↓

(4) 弟→
　　　↓

（5）平→
↓

（6）车→
↓

（7）元→
↓

（8）方→
↓

（9）也→
↓

（10）古→
↓

6. **Geben Sie die *Pinyin* – Transkription der Schriftzeichen an und schreiben Sie die Wörter entsprechend der *Pinyin* – Transkription in Schriftzeichen.**

（1）卧室的外边　　　　（2）球员的职业习惯

（3）很想赢他们队　　　　（4）写一篇介绍文章

（5）Zhōngguó dàxuéshēng duì de jiàoliàn hěn yǒumíng

（6）gōngyuán de xībian yǒu yí ge yóujú

（7）hǎiguān lí xuéyuàn bú tài yuǎn

（8）shàngbànchǎng jiù jìn le sān ge qiú

Schlüssel zu Übung 9 aus Lektion 20: 的、百、怕

72

7. Setzen Sie "从" oder "离" ein.

（1）＿＿＿＿＿＿我们这儿到那个医院可以坐地铁。

（2）他哥哥的公司＿＿＿＿＿＿美术馆很远。

（3）＿＿＿＿＿＿邮局往北走十分钟就到了。

（4）这些学生都是＿＿＿＿＿＿欧洲来的。

（5）＿＿＿＿＿＿火车站太远了，出去旅行很不方便。

8. Wählen Sie das richtige Wort（Wortgruppe）aus.

（1）小姐，您能给我们介绍＿＿＿＿＿＿这个美术馆的历史吗？

        A. 一场   B. 一次   C. 一下   D. 一个

（2）听你说的普通话，你是上海人＿＿＿＿＿＿？

        A. 吗   B. 吧   C. 啊   D. 呀

（3）客厅＿＿＿＿＿＿厨房的左边，房子里没有卫生间。

        A. 和   B. 从   C. 是   D. 在

（4）这里＿＿＿＿＿＿天安门广场，你们没有走错。

        A. 就是   B. 也是   C. 不是   D. 是不是

（5）这是北京大学的图书馆，那儿是教学楼，北边还＿＿＿＿＿＿一个湖，叫未名湖。

        A. 也有   B. 有   C. 是   D. 也是

9. Verbinden Sie die Wörter aus Spalte I mit denen aus Spalte II zu Sätzen.

I	II
我常常去留园，	还有厨房和卫生间。
他的水平很高，	看了三间房子。
房子里有客厅、有卧室，	再往东拐就到火车站了。
他用了一个下午	那儿离我奶奶家不远。
下了出租车先往前走200米，	所以能去国家队当教练。

10. Bringen Sie die Wörter in die richtige Reihenfolge.

（1）兵马俑 西安 有名 有 的

（2）图书馆 是 学院 我们 的 西边 足球场

（3）斤　买　三　两　香蕉　苹果　斤　了　一共　和

（4）那　教练　位　下来　国家队　是　去年　从　的

（5）坐　375路　再　331路　先　到　就　了　换

11. Bilden Sie mit den vorgegebenen Wörtern Sätze.
（1）以后
（2）离
（3）先……再……
（4）是跟……比赛的
（5）是从……来的

12. Formen Sie die Sätze um, verwenden Sie "在……（的）……边".
（1）语言学院的西边是北京大学。→

（2）从王府井往东走，就到东四了。→

（3）那是马大为住的楼，右边有银行和邮局。→

（4）左边的是6号，6号右边的是8号。→

（5）从这儿往北走十分钟，是有名的圆明园公园。→

13. Übersetzen Sie die Sätze ins Deutsche.
（1）下地铁以后先往东走三分钟，再往北拐。

（2）我爸爸是坐公共汽车去参加老朋友聚会的。

（3）中文系办公室在外文系办公室的东边，它的北边有一个小图书馆。

（4）大家好，这位记者是公司请来的，他要写一篇介绍公共汽车司机和

74

售票员的文章,他今天是来给大家照相的。

(5) 他们怎么还不来? 他们又把比赛时间忘了吧?

14. **Entscheiden Sie, ob die Sätze grammatisch korrekt (r) sind oder nicht (f).**
(1) 以后那位教练来,大学生队的水平就提高了。 （ ）
(2) 张教授不住学院里边,他的家离学院很远。 （ ）
(3) 她是从上海来,不是北京人。 （ ）
(4) 我是文化记者,听音乐会也是一种职业习惯啊。 （ ）
(5) 我想写一件文章,介绍介绍那位有名的画家。 （ ）

15. **Beantworten Sie die Fragen aufgrund des Textes aus dem Abschnitt "Lesen und Nacherzählen" aus dieser Lektion.**
(1) 中国人有一句话,意思是苏州和杭州这两个城市,跟天堂一样美。
你知道那句话是怎么说的吗?

(2) 苏州和杭州的美一样吗? 为什么?

(3) 苏州的园林是什么人请人修建的? 是谁设计的?

(4) 为什么说苏州的园林是一幅非常美的山水画?

(5) 中国的园林跟西方的园林一样吗? 为什么?

16. **Beantworten Sie folgende Fragen.**
(1) 学校的图书馆、办公楼、宿舍、商店、邮局、银行在哪儿?

(2) 你住学校的宿舍吗? 你们的宿舍怎么样?

（3）每天你是怎么去上课的？从宿舍到你上课的楼怎么走？

（4）你要在学校旁边租房子，你想租什么样的房子？

17. Lesen Sie den Text und füllen Sie die Lücken.

　　一天，老师给留学生上口语课，学习"东西"这个生词，老师说："'东西'有两个读音，一是 dōngxī，是从东边到西边的意思。例如，那个客厅有 25 平方米，东西长 5 米，南北宽也是 5 米。还有一个读音是 dōngxi，吃的、穿的、用的都可以用'东西'来表示，例如：

　　A：你买什么东西？

　　B：我买点儿吃的。

　　A：这是什么东西？

　　B：这是给孩子买的足球，还有一套衣服。"

　　老师说完了，问学生："同学们，你们听懂了吗？"大家回答："听懂了！"他就请一个学生用"东西"做句子。那个学生说："书是东西，本子也是东西，咖啡是东西，苹果也是东西。"

　　老师很高兴，说："你做的句子都很对。"

　　那个学生又说："我是东西，您也是东西。"

　　老师说："不对！不对！不能这么说！"

　　那个学生就说："我是东西，您不是东西。"

　　老师听了，心里有点儿不高兴。他知道学生不是跟他开玩笑。他说："这两个句子也不对。因为'东西'一般不能用来表示人。同学们，要记住，'您不是东西'这是骂人的话。不能随便用。"那个学生听了，说："老师，对不起！现在，我真的听懂了。我觉得语言这东西，要学好，真不容易。"

76

> ┌─────────────────────┐
> │ Zusätzliche Vokabeln │
> └─────────────────────┘

(1)	读音	dúyīn	Aussprache
(2)	例如	lìrú	zum Beispiel
(3)	回答	huídá	antworten
(4)	句子	jùzi	Satz
(5)	骂	mà	jn. beschimpfen, schimpfen; jn. kritisieren
(6)	随便	suíbiàn	zwanglos, nach Belieben

Füllen Sie die Lücken anhand des Textes.

（1）"东西"有_____读音。

（2）读 dōngxī 是从_____到_____的意思。

（3）读 dōngxi 可以用来表示_____，_____，_____。

（4）"东西"_____表示人。

（5）要记住，"不是东西"是_____，不能随便说。

18. Vervollständigen Sie die folgende Passsage anhand von Text II aus dieser Lektion.

　　我去参观了马大为租的房子，是星期日下午跟同学们一起去的。房子在花园小区，离我们学校不远。我们是坐公共汽车去的。在花园小区前边下车，往前走3分钟就到了大为住的8号楼。8号楼下边……

19. Verwenden Sie mindestens acht Wörter oder Wortgruppen aus der folgenden Liste, um zu beschreiben, welche Erfahrungen Sie beim Mieten einer Wohnung gemacht haben.

离…… 在……边 有 打电话 是……去的 往 拐 再 就
前边 左边 右边 南边 北边 客厅 卧室 厨房 卫生间 职业
习惯 放心 有名 漂亮 贵 别的 商场 银行

第二十二课
Lektion 22

你看过越剧没有

Hör- und Sprechübungen

1. Ausspracheübungen.

Lesen Sie folgende Wörter, Wortgruppen und Sätze laut. Achten Sie auf die Tonveränderung von "一".

第一　一、二、三　十一　二十一　一楼　一层　一系

一斤　一篇　一张　一只　一千　一间　一年　一起　一两　一百

一匹马

一定　一样　一个　一次　一路　一件衣服　一辆汽车　一座高楼

一部小说

说一说　画一画　试一试　爬一爬　唱一唱　查一查　帮一帮

赛一赛

2. Hören Sie die Fragen und markieren Sie die richtigen Antworten.

(1) A. 看过一次　　　　　　　　B. 看过两次

　　C. 听过一次　　　　　　　　D. 没有看过

(2) A. 从上海来的　　　　　　　B. 从苏州来的

　　C. 从长安来的　　　　　　　D. 从建国门来的

(3) A. 现在中国最有名的小说　　B. 英文爱情小说

　　C. 中国古典小说　　　　　　D. 英国古典小说

(4) A. 今晚七点一刻的　　　　　B. 明天晚上的

　　C. 八号的　　　　　　　　　D. 十号的

(5) A. 坐地铁去　　　　　　　　B. 走路去

　　C. 坐公共汽车去　　　　　　D. 打的去

3. Hören Sie den Dialog und entscheiden Sie, ob die Aussagen richtig (r) oder falsch (f) sind.

(1) 小月看了半个多小时的越剧《红楼梦》。　　　　　　　（　　　）

78

（2）因为那个剧特别感人,所以她哭(kū, weinen)了。　　（　　）

（3）高华是小月的男朋友。　　（　　）

（4）男人都不习惯看《红楼梦》。　　（　　）

（5）小月现在很想她在英国的男朋友。　　（　　）

（6）小月想让男朋友来北京看她。　　（　　）

4. Hören und ergänzen Sie.

（1）我_____没有看过这么好的演出。

（2）那本爱情小说我没有看_____。

（3）我_____很喜欢中国画,_____我自己不会画。

（4）这_____课文很长,你读得还不太流利,你应该再读一_____。

（5）阿里虽然学汉语_____时间不长,但他学_____不错。

5. Hören Sie und schreiben Sie die Sätze in *Pinyin* auf.

（1）_____

（2）_____

（3）_____

（4）_____

（5）_____

6. Hören Sie und schreiben Sie die Schriftzeichen auf.

（1）_____

（2）_____

（3）_____

（4）_____

（5）_____

7. Rollenspiel.

Hören Sie den Dialog und spielen Sie ihn zu zweit nach. Versuchen Sie den Dialog mit Hilfe Ihrer Kommilitonen, Lehrer oder mit einem Wörterbuch zu verstehen.

8. Kulturelle Erfahrungen.

（1）你听过越剧没有? 请听一听。

（2）你喜欢越剧还是京剧? 为什么?

（3）你还知道别的中国地方戏吗? 在互联网(hùliánwǎng, Internet)上查一查,给大家介绍一下。

Lese- und Schreibübungen

1. Zeichnen Sie folgende Schriftzeichen in der richtigen Strichfolge nach. Schreiben Sie die Schriftzeichen dann in die leeren Kästchen.

旦	丶 冂 日 日 旦	旦	旦				
戌	一 厂 戊 戌 戌	戌	戌				

2. Schreiben Sie die Schriftzeichen in die leeren Kästchen. Achten Sie auf die Komponenten der Schriftzeichen.

yuè	走 + 戉	越					
suī	口 + 虫	虽					
dàn	亻 + 旦	但					
tuán	囗 + 才	团					
xì	又 + 戈	戏					
biàn	户 + 冊 + 辶	遍					
bù	立 + 口 + 阝	部					
qíng	忄 + 青	情					
gù	古 + 攵	故					
zuò	广 + 坐	座					
mèng	林 + 夕	梦					
jué	⺈ + 用	角					
tè	牜 + 土 + 寸	特					

80

yōu	亻+尤	优						
gé	木+夂+口	格						
zhǒng	禾+中	种						
lèi	米+大	类						
fǎng	讠+方	访						
nán	又+隹	难						

3. **Schreiben Sie die *Pinyin* – Transkription folgender Phonoideogramme auf, bei denen die lauttragende Komponente oben und die bedeutungstragende unten steht. Geben Sie die deutsche Bedeutung der Schriftzeichen an.**

    （1）帮
    （2）婆
    （3）华
    （4）照
    （5）您
    （6）愿
    （7）想
    （8）恭

4. **Geben Sie die *Pinyin* – Transkription folgender Gruppen von Wörtern an und übersetzen Sie sie ins Deutsche. Versuchen Sie, die Bedeutung von unbekannten Wörtern zu erschließen. Vergewissern Sie sich bei Ihren Kommilitonen oder Lehrern, oder nehmen Sie ein Wörterbuch zur Hand.**

（1）剧——京剧　越剧

（2）方——地方　南方　北方　东方　西方

（3）情——爱情　感情

（4）院——剧院　医院　学院　电影院

（5）员——演员　学员　队员　售票员　售货员

（6）么——这么　那么　什么　怎么　多么

（7）特——特别　特点　特色

（8）见——再见　看见　听见　梦见

5. **Ergänzen Sie Schriftzeichen und Schriftzeichenkomponenten, um bereits gelernte Schriftzeichen (↓) und Wörter / Wortgruppen (→) zu bilden.**

（1）旦→

　　　↓

（2）票→

　　　↓

（3）方→

　　　↓

（4）非→

　　　↓

（5）坐→

　　　↓

（6）主→

　　　↓

（7）中→

　　　↓

（8）里→

　　　↓

（9）车→

↓

（10）见→

↓

6. **Geben Sie die *Pinyin* – Transkription der Schriftzeichen an und schreiben Sie die Wörter entsprechend der *Pinyin* – Transkription in Schriftzeichen.**

（1）感人的故事 　　　　　　　　（2）读过西方古典小说

（3）打的去剧团 　　　　　　　　（4）特别优美的音乐

（5）liǎng ge zhǔjué de bùtóng fēnggé 　　（6）qù Hángzhōu fǎngwèn guo

（7）rènshi tā yǐqián wǒ bù xiǎng jiéhūn 　（8）zhè jiàn héshì jí le

7. **Ergänzen Sie Komponenten auf beiden Seiten des Zeichens "古", so dass Schriftzeichen gebildet werden, die Sie bereits gelernt haben.**

	古	

8. **Setzen Sie "一次","一遍" oder "一下儿"ein.**

（1）医生很快就来,你们等_____吧。

（2）苏州我没去过_____。

（3）这些文章,老师让我们再读_____。

（4）这是她第_____听越剧,你先给她介绍_____好吗?

（5）《红楼梦》我读过_____,可是没有读完。

9. **Wählen Sie das richtige Wort aus.**

（1）昨天的报_____说,今天的天气会很冷。

　　　　A. 上　　　　B. 下　　　　C. 里　　　　D. 听

（2）你想不想_____看一次电影《红楼梦》?

　　　　A. 又　　　　B. 不　　　　C. 再　　　　D. 还

（3）越剧演员都穿_____特别漂亮。

          A. 的   B. 得   C. 又   D. 很

（4）他从来_____听过这么好的音乐会。

          A. 就   B. 都   C. 不   D. 没

（5）我们学校上个月一共演了四_____电影。

          A. 遍   B. 部   C. 篇   D. 种

10. Verbinden Sie die Wörter aus Spalte I mit denen aus Spalte II zu Sätzen.

I	II
我没去过苏州，	但是京剧和越剧我都特别喜欢。
演员虽然不太有名，	今年一共比过六次。
风格可能不一样，	也没看过园林。
留学生队常常跟大学生队比赛，	也有西方古典小说。
书店里有中国古典小说，	可是他们演得非常感人。

11. Bringen Sie die Wörter in die richtige Reihenfolge.

（1）上海 这 我 过 从来 五 没有 年 回

（2）句子 翻译 从来 我 过 难 这么 没有 的

（3）吃饭 京剧 先 我们 看 再 吧

（4）妈妈 是 以前 我 苏州 去 的 旅行 十年

（5）可是 不一定 虽然 也 试一试 能 应该 赢

12. Bilden Sie mit den vorgegebenen Wörtern Sätze.

（1）从来

（2）虽然……但是……

（3）有的……有的……

（4）过

（5）遍

13. Formen Sie die Sätze um, verwenden Sie "虽然……但是/可是……".

（1）我喜欢足球，我不会踢。

（2）她不是我姐姐，她跟我姐姐一样好。

（3）读了三遍，我读得还是不太流利。

（4）老张已经去过苏州，他还想再去一次。

（5）他没吃过火锅，他特别想试一试。

14. Übersetzen Sie die Sätze ins Deutsche.

（1）《红楼梦》里有一个男主角叫贾宝玉，还有一个女主角叫林黛玉。

（2）那部电影的票卖得很好，因为它非常感人。

（3）我虽然没有去过北京，但我在美国看过两次京剧。

（4）她们都不是在有钱人家里出生的。

（5）我来中国以后给妹妹寄过两张古典音乐的光盘，她让我再买三张。

15. Entscheiden Sie, ob die Sätze grammatisch korrekt (r) sind oder nicht (f).

（1）因为越剧很难学，但是她想试一试。　　　　　　　（　　）
（2）英国的一个剧团去年到中国去访问过。　　　　　　（　　）
（3）因为贾宝玉喜欢林黛玉，所以他送给她很多礼物。（　　）
（4）学习语言的时候，要先听老师读，再自己练习。　（　　）
（5）我去过西安参观兵马俑。　　　　　　　　　　　　（　　）

16. Beantworten Sie die Fragen aufgrund des Textes aus dem Abschnitt "Lesen und Nacherzählen" aus dieser Lektion.

（1）《红楼梦》里有一个什么样的故事？

（2）贾宝玉是一个什么样的人？

（3）林黛玉是一个什么样的姑娘？

（4）林黛玉在哪一天烧了东西？她烧的是什么？为什么要烧？

（5）贾宝玉结婚以后为什么那么悲伤？

（6）你知道贾宝玉的奶奶是林黛玉的什么人吗？

17. Beantworten Sie folgende Fragen.

（1）你读过《红楼梦》吗？

（2）你出生在一个什么样的家里？

（3）你喜欢的人你的爸爸妈妈或者朋友不喜欢，你怎么办？

（4）你喜欢读什么样的书？喜欢看什么样的电影？

（5）你自己写过小说或者诗吗？请给大家介绍一下。

18. Lesen Sie den Text und ergänzen Sie passende Wörter.

　　一天，一家汽车公司的经理请一位法国朋友看_____剧，他说："这个剧团是从_____来的，是很有名的越剧团，今晚在北京长安大戏院上演《红楼梦》。我请你去看戏。"那位法国朋友说，来北京以后，他看_____两次京剧，还没有看过越剧。经理请他看越剧，他当然非常高兴。

　　看_____越剧以后，经理跟那位法国朋友分别的时候，经理说："你有空儿到我家去玩儿。"这是中国人分别时常说的一句客气话。回答时，可以说"好的，有空儿，我一定去。"可是，那位法国朋友很认真，他说：

"我很高兴访问你家,什么时候去?"这位经理没想到他会这样回答,就说了一句:"什么时候去,我以后再_____你_____电话。"

"哪天?今天是星期五,明天是_____,我有空儿,明天怎么样?"

"明天恐怕不行。"经理说。

"明天行还是不行?"法国朋友又问。

经理回答说:"明天不行。下星期六怎么样?"

> ┌─────────────────────┐
> │ Zusätzliche Vokabeln │
> └─────────────────────┘

    (1) 分别   fēnbié   V   sich von jm. trennen

    (2) 认真   rènzhēn   Adj   ernsthaft, gewissenhaft, sorgfältig

> ┌──────────────────┐
> │ Diskussionsthema │
> └──────────────────┘

中国人跟法国人有什么不同?

19. Vervollständigen Sie die folgende Passsage über die Shaoxing Oper anhand von Text II aus dieser Lektion.

越剧是中国南方的地方戏。越剧的音乐特别优美,它的风格跟京剧不一样……

20. Beschreiben Sie mit den Schriftzeichen, die Sie gelernt haben, ein Erlebnis oder eine Erfahrung, die Sie gemacht haben (über 100 Zeichen).

第二十三课
Lektion 23

━━━━━━━━━━━━ 我们爬上长城来了 ━━━━━━━━━━━━

Hör- und Sprechübungen

1. Ausspracheübungen.

Lesen Sie folgende Wörter, Wortgruppen und Sätze laut. Achten Sie auf die Tonveränderung von "不".

不吃　不开　不说　不喝　不听

不同　不行　不来　不学　不读

不想　不买　不走　不跑　不懂

不看　不但　不错　不去　不用　不是　不大　不要　不坐

不参观　不学习　不旅行　不比赛　不敢当　不喜欢

不愿意　不认识　不介绍　不太长　不换钱　不见不散

来不来　找不找　好不好　能不能　去不去　对不起　听不懂

写不好

2. Hören Sie die Fragen und markieren Sie die richtigen Antworten.

(1) A. 先回家看爸爸妈妈　　　　　　B. 先去爬长城

　　C. 先去泰山　　　　　　　　　　D. 先去海南岛

(2) A. 王小云　　　B. 宋华　　　C. 马大为　　　D. 小燕子

(3) A. 火车票　　　B. 汽车票　　　C. 机票　　　D. 戏票

(4) A. 陈老师　　　B. 孔子　　　C. 力波　　　D. 小燕子

(5) A. 爬长城　　　　　　　　　　　B. 游泳

　　C. 看优美的风景　　　　　　　　D. 参观孔子教书的地方

3. Hören Sie den Dialog und entscheiden Sie, ob die Aussagen richtig (r) oder falsch (f) sind.

(1) 林娜没有爬上泰山去。　　　　　　　　　　　（　　　）

(2) 爬泰山一共有50多级(jí, ZEW Stufe)台阶(táijiē, Treppe, Stufe)。

　　　　　　　　　　　　　　　　　　　　　　（　　　）

88

(3) 他们是在夜里(yèlǐ, in der Nacht)爬山的。　　　　　　（　　）

(4) 宋华太累了,他先喝了点儿水。　　　　　　　　　　（　　）

(5) 在泰山上看日出(rìchū, Sonnenaufgang),真是美极了。（　　）

4. Hören und ergänzen Sie.

(1) 去欧洲旅行的建议是他提＿＿＿＿＿＿的。

(2) 在海南岛可以看优美的＿＿＿＿＿＿,还可以过＿＿＿＿＿＿的生活。

(3) 你看,那边的长城多像一＿＿＿＿＿＿龙!

(4) 他以前去＿＿＿＿＿＿泰山一次,但没有爬＿＿＿＿＿＿。

(5) 下半场,右边的 10 号踢＿＿＿＿＿＿一个球＿＿＿＿＿＿。

5. Hören Sie und schreiben Sie die Sätze in *Pinyin* auf.

(1) ＿＿＿＿＿＿＿＿＿＿＿＿＿＿＿＿＿＿＿＿＿＿＿＿＿

(2) ＿＿＿＿＿＿＿＿＿＿＿＿＿＿＿＿＿＿＿＿＿＿＿＿＿

(3) ＿＿＿＿＿＿＿＿＿＿＿＿＿＿＿＿＿＿＿＿＿＿＿＿＿

(4) ＿＿＿＿＿＿＿＿＿＿＿＿＿＿＿＿＿＿＿＿＿＿＿＿＿

(5) ＿＿＿＿＿＿＿＿＿＿＿＿＿＿＿＿＿＿＿＿＿＿＿＿＿

6. Hören Sie und schreiben Sie die Schriftzeichen auf.

(1) ＿＿＿＿＿＿＿＿＿＿＿＿＿＿＿＿＿＿＿＿＿＿＿＿＿

(2) ＿＿＿＿＿＿＿＿＿＿＿＿＿＿＿＿＿＿＿＿＿＿＿＿＿

(3) ＿＿＿＿＿＿＿＿＿＿＿＿＿＿＿＿＿＿＿＿＿＿＿＿＿

(4) ＿＿＿＿＿＿＿＿＿＿＿＿＿＿＿＿＿＿＿＿＿＿＿＿＿

(5) ＿＿＿＿＿＿＿＿＿＿＿＿＿＿＿＿＿＿＿＿＿＿＿＿＿

7. Rollenspiel.

Hören Sie den Dialog und spielen Sie ihn zu zweit nach. Versuchen Sie den Dialog mit Hilfe Ihrer Kommilitonen, Lehrer oder mit einem Wörterbuch zu verstehen.

8. Kulturelle Erfahrungen.

(1) 放假的时候和你的中国朋友一起出去旅行一次。回来以后,跟同学们说说你旅行的事儿。

(2) 你听说过"张家界"、"九寨沟"、"黄山"和"漓江"吗? 你去过这些地方吗? 查查这些地方在哪儿。

(3) 找找从美国洛杉矶(Luòshānjī, Los Angeles)到中国北京的便宜机票,

89

看谁能找到最便宜的机票。

Lese- und Schreibübungen

1. Zeichnen Sie folgende Schriftzeichen in der richtigen Strichfolge nach. Schreiben Sie die Schriftzeichen dann in die leeren Kästchen.

山	ㄴ 山 山	山	山				
飞	㇈ ㇈ 飞	飞	飞				
义	丶 丷 义	义	义				
龙	一 ナ 尢 龙 龙	龙	龙				
雨	一 厂 冂 币 雨 雨 雨 雨	雨	雨				
成	一 厂 厂 成 成 成	成	成				

2. Schreiben Sie die Schriftzeichen in die leeren Kästchen. Achten Sie auf die Komponenten der Schriftzeichen.

pá	爪 + 巴	爬					
jià	亻 + 叚	假					
suàn	竹 + 目 + 廾	算					
dǐng	丁 + 页	顶					
yì	讠 + 义	议					
wēn	氵 + 日 + 皿	温					
jǐng	日 + 京	景					
yǒng	氵 + 永	泳					

90

dōng	夂 + 冫	冬						
xià	一 + 自 + 夂	夏						
dǎo	巳 + 寸	导						
chéng	土 + 成	城						
tài	夫 + 氺	泰						
dǎo	鸟 + 山	岛						
kǒng	子 + し	孔						
yàn	廿 + 口 + 丬 + 匕 + 灬	燕						
lèi	田 + 糸	累						
tiáo	夂 + 朩	条						
pāi	扌 + 白	拍						
qiū	禾 + 火	秋						
yīn	阝 + 月	阴						
xuě	雨 + 彐	雪						
líng	雨 + 令	零						
dù	广 + 廿 + 又	度						

3. **Geben Sie die** *Pinyin* **– Transkription folgender Gruppen von Wörtern an und übersetzen Sie sie ins Deutsche. Versuchen Sie, die Bedeutung von unbekannten Wörtern zu erschließen. Vergewissern Sie sich bei Ihren Kommilitonen oder Lehrern, oder nehmen Sie ein Wörterbuch zur Hand.**

（1）放——放假　放心　放大　放行　放学

（2）旅——旅行　旅游　旅客　旅馆　旅店

（3）票——机票　车票　戏票　门票　发票

（4）顶——山顶　楼顶　房顶　屋顶　头顶

（5）天——阴天　晴天　春天　夏天　秋天　冬天　热天　冷天

（6）度——零度　温度　热度　高度　长度

（7）色——景色　颜色　气色　红色　白色　黑色

（8）机——飞机　照相机　电视机　电话机　打字机

4. **Ergänzen Sie Schriftzeichen und Schriftzeichenkomponenten，um bereits gelernte Schriftzeichen（↓）und Wörter / Wortgruppen（→）zu bilden.**

（1）子→
　　　　↓

（2）是→
　　　　↓

（3）每→
　　　　↓

（4）白→
　　　　↓

（5）合→
　　　　↓

（6）音→
　　　　↓

（7）也→
　　　↓

（8）生→
　　　↓

（9）气→
　　　↓

（10）自→
　　　↓

5. Geben Sie die _Pinyin_ – Transkription der Schriftzeichen an und schreiben Sie die Wörter entsprechend der _Pinyin_ – Transkription in Schriftzeichen.

（1）泰山的雪景　　　　　　　　（2）天气要冷了

（3）那部小说还没有看过　　　　（4）游过来游过去

（5）wǒ tí le yí ge jiànyì　　　　（6）jièshūzhèng bàn hǎo le

（7）tā zhǎng de duō shuài a　　（8）Hànyǔ yǔfǎ kǎo de mǎmǎhūhū

6. Ergänzen Sie Komponenten auf allen Seiten des Zeichens " 方 ", so dass Schriftzeichen gebildet werden, die Sie bereits gelernt haben.

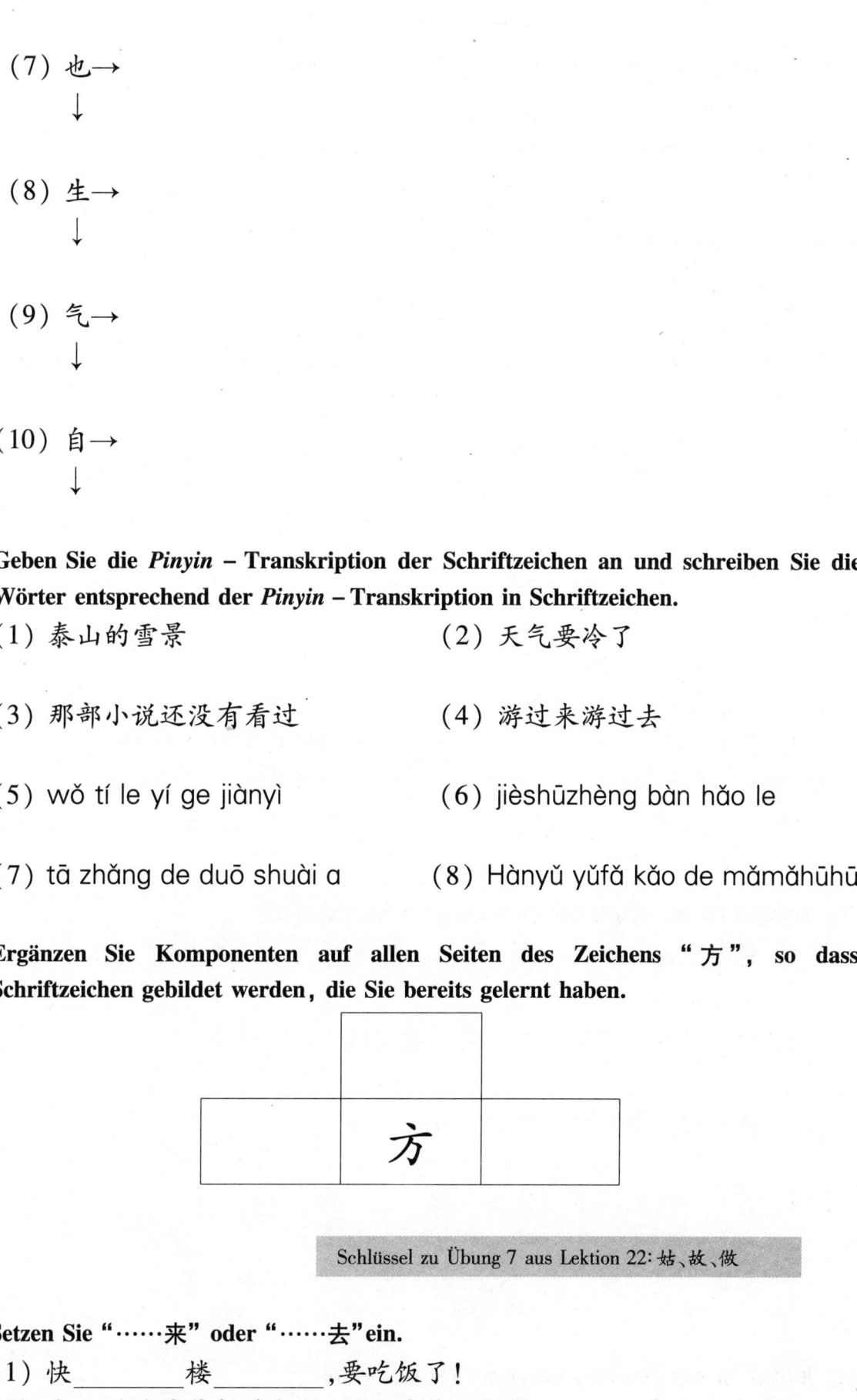

Schlüssel zu Übung 7 aus Lektion 22: 姑、故、做

7. Setzen Sie " ……来 " oder " ……去 " ein.
　（1）快_____楼_____，要吃饭了！
　（2）张小刚的爸爸打过电话，问他为什么还没_____家_____？

(3) 你借的书已经过期了，请快还＿＿＿＿＿＿图书馆＿＿＿＿＿＿。

(4) 我们都在山顶，只有她一个人从山上跑＿＿＿＿＿＿了。

(5) 今天上课的时候，一位老教授走＿＿＿＿＿＿教室＿＿＿＿＿＿。

8. Setzen Sie passende Wörter ein.

(1) 机票已经买＿＿＿＿＿＿了，你怎么不想去了？

(2) 孔子说："有朋自远方来，不亦乐乎？"这句话，你听说过＿＿＿＿＿＿？

(3) 你们先坐＿＿＿＿＿＿休息一下，再吃点东西，山顶＿＿＿＿＿＿这儿还很
远呢！

(4) 山顶的景色真美，我拍＿＿＿＿＿＿很多＿＿＿＿＿＿照片。

(5) ＿＿＿＿＿＿，我忘了告诉你，刚才你哥哥打＿＿＿＿＿＿一个电话。

9. Verbinden Sie die Wörter aus Spalte I mit denen aus Spalte II zu Sätzen.

I	II
放假以后有的同学去旅行，	看到了泰山日出。
王教授建议我们先读一点儿孔子，	是"从"的意思。
那双爬山的鞋	有的回家去看爸爸妈妈。
林娜爬上了泰山，	再去参观孔子教书的地方。
"有朋自远方来"里的"自"	是他上车以前刚从商场买回来的。

10. Bringen Sie die Wörter in die richtige Reihenfolge.

(1) 做　雪地　我们　上　雪人　个　了　一　在

(2) 他　很多　妈妈　的　龙　给　过　讲　故事

(3) 吗　请　好　我　一下　帮

(4) 客厅　打扫　多　这么　的　大　啊　累

(5) 不能　来　进　您　对不起　车　的　学校　开

11. Bilden Sie mit den vorgegebenen Wörtern Sätze.

(1) 就要……了

（2）……票已经……了

（3）给……提建议

（4）帮忙

（5）多……啊

12. **Vervollständigen Sie die Sätze mit "要……了".**

（1）今天下午天特别阴，_____。

（2）他们是昨天晚上上的火车，现在_____。

（3）快看，那儿的山顶已经红了，太阳(tàiyáng, Sonne)_____。

（4）_____，今天晚上我要请他们吃饭。

（5）_____，你得复习一下这些课文。

13. **Entscheiden Sie, ob die Sätze grammatisch korrekt (r) sind oder nicht (f).**

（1）那部小说看过完没有？ （ ）

（2）泰山我去过一次，还想再去爬一次。 （ ）

（3）虽然饭已经做好了，但是他太累了，现在不想吃。（ ）

（4）弟弟是导游，旅行的事儿她知道得很多。 （ ）

（5）长城这么美，我要多拍些照片寄回去家。 （ ）

14. **Beantworten Sie die Fragen aufgrund des Textes aus dem Abschnitt "Lesen und Nacherzählen" aus dieser Lektion.**

（1）王贵比张才大还是张才比王贵大？

（2）为什么大家都说他们两个人就好像哥哥弟弟一样？

（3）一天，他们在山上看见了什么？

（4）看见熊以后，他们是怎么做的？

（5）大黑熊跟张才说什么了？

15. **Lesen Sie den Text und machen Sie die Übungen.**

Setzen Sie passende Wörter ein.

去年夏天放假以后，我和爷爷奶奶去加拿大旅行。我爸爸在加拿大当老师，他给我们买____了机票。我们是____上海坐飞机去加拿大的。到加拿大以后，我们跟爸爸、妈妈一起住。爸爸租了一套房子，有90平方米。房子前边是一个小花园,进门____边是卫生间,右边是厨房。客厅在厨房的北边,卧室在客厅的西边。卧室的左边是爸爸的书房,____边是客房。那儿的天气很好,虽然是夏天,但不太热。我们常去海边____泳。

　　吃了晚饭以后,我爷爷喜欢出去散步。一天,他跟奶奶出去散步,已经是晚上九点____,他们还没有回家。我爸爸着急了,因为爷爷奶奶都不会说英语,他们迷了路怎么办? 就在这时候,他们回____了。我爸爸问他们:"你们去哪儿了? 我还以为你们迷路了。"我爷爷笑了笑,说:"我不____说英语,我怕迷了路不能回家。我把我们这条路的名字写____了。我就不怕迷路了。"爷爷从衣服里拿出一张纸给了爸爸。

　　"老爸,这是您写的路名?! 'Sackgasse',这不是路名,是'此路不通'的意思。"

　　"啊! 此路不通!"

Zusätzliche Vokabeln

(1)	散步	sàn bù	V O	spazieren gehen
(2)	迷路	mí lù	V O	sich verlaufen
(3)	以为	yǐwéi	V	denken, meinen, glauben
(4)	怕	pà	V	Angst haben

Ergänzen Sie die Zeichnung anhand des Textes.

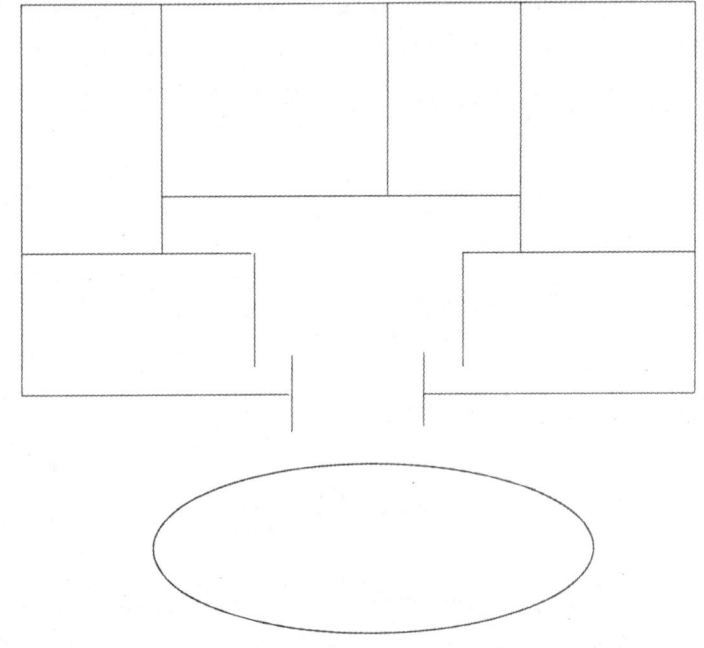

96

16. Schreiben Sie anhand der Texte dieser Lektion einen kurzen Brief an einen Freund über Ihre Ferienpläne（über 150 Zeichen）.

17. Lesen Sie folgende authentische Texte und machen Sie die Übungen.

（1）Ergänzen Sie Ihre Angaben im Flugticket.

(2) Lesen Sie die Wetterkarte und machen Sie die Übungen.

    A. Finden Sie die Lufttemperatur und Wetterlage folgender Städte heraus：

        北京_____

        上海_____

        西安_____

        广州_____

    B. Von wann ist diese Karte? _____

    C. Welche anderen Informationen können Sie der Karte entnehmen?

        _____

        _____

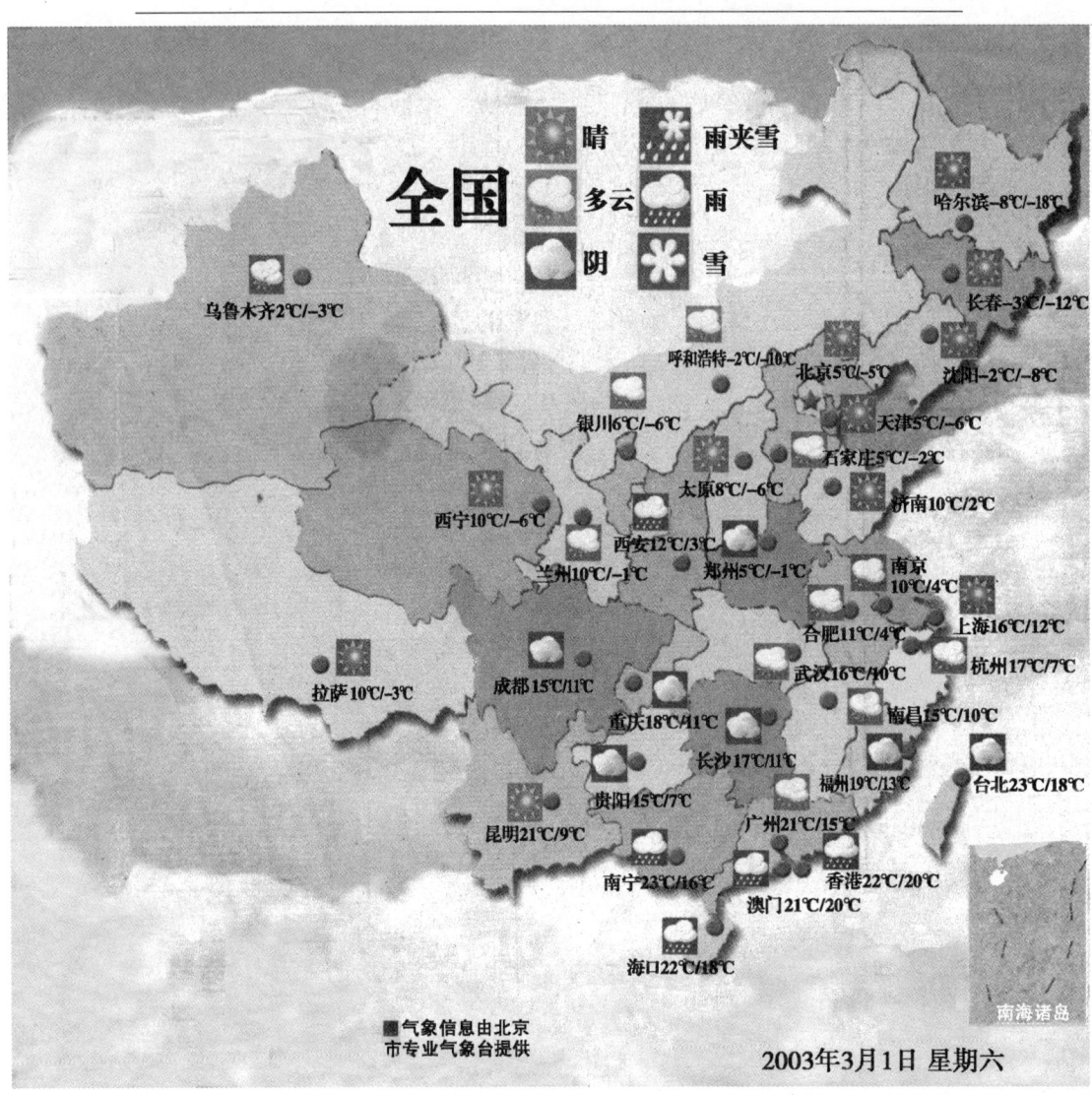

第二十四课
Lektion 24

你舅妈也开始用电脑了

Hör- und Sprechübungen

1. Ausspracheübungen.

Lesen Sie folgende Wörter, Wortgruppen und Sätze laut. Achten Sie auf den neutralen Ton.

红的　黑的　白的　短的　来了　查了　去过　写过　笑着　唱着
你呢　放心吧
妈妈　弟弟　姐姐　舅舅　坐坐　谢谢　等等　看看　介绍介绍
学习学习　祝贺祝贺
我们　你们　他们　咱们　桌子　儿子　妻子　样子　小伙子
小燕子
路上　身上　山下　村里　包里　左边　右边　前边　后边　东边
西边
送来　进来　起来　过去　出去　上去　走过来　拿上来　跑过去
取下去
这个　五个　这么　那么　怎么　怎么样
学生　东西　便宜　客气　丈夫　关系　告诉　什么　多少　聪明
朋友　时候　觉得　记得　喜欢　先生　衣服　麻烦　漂亮　时候
故事　消息

2. Hören Sie die Fragen und markieren Sie die richtigen Antworten.

(1) A. 小云的经理　　　　　　B. 小云的舅舅
　　C. 小云的男朋友　　　　　D. 小云的同学

(2) A. 上海　　　B. 北京　　　C. 南方　　　D. 加拿大

(3) A. 旅行书　　B. 北京地图　C. 火车票　　D. 照片

(4) A. 从来没有　　　　　　　B. 十年以前来过

99

C. 来过两次　　　　　　　　D. 来过一次
(5) A. 舅舅的孩子　　　　　　B. 小云
　　 C. 大学生　　　　　　　　D. 舅妈

3. **Hören Sie den Dialog und entscheiden Sie, ob die Aussagen richtig（r）oder falsch（f）sind.**

(1) 小云正在给舅舅打电话。　　（　　）
(2) 小云的舅舅刚回到上海。　　（　　）
(3) 小云舅妈的身体以前不太好。　（　　）
(4) 小云想跟她舅妈学习电脑。　（　　）
(5) 小云很想到舅舅家去看一看。　（　　）

4. **Hören und ergänzen Sie.**

(1) 有些农村人的生活水平＿＿＿＿城里人的＿＿＿＿高。
(2) 她上大学＿＿＿＿,也有男朋友＿＿＿＿。
(3) 你＿＿＿＿听什么音乐呢?
(4) 我＿＿＿＿读过英文的《红楼梦》,＿＿＿＿读过一点儿中文的《红楼梦》。
(5) 一个生词你＿＿＿＿不学,你怎么＿＿＿＿念课文呢?

5. **Hören Sie und schreiben Sie die Sätze in *Pinyin* auf.**

(1) ＿＿＿＿＿＿＿＿＿＿＿＿＿＿＿＿＿＿＿＿
(2) ＿＿＿＿＿＿＿＿＿＿＿＿＿＿＿＿＿＿＿＿
(3) ＿＿＿＿＿＿＿＿＿＿＿＿＿＿＿＿＿＿＿＿
(4) ＿＿＿＿＿＿＿＿＿＿＿＿＿＿＿＿＿＿＿＿
(5) ＿＿＿＿＿＿＿＿＿＿＿＿＿＿＿＿＿＿＿＿

6. **Hören Sie und schreiben Sie die Schriftzeichen auf.**

(1) ＿＿＿＿＿＿＿＿＿＿＿＿＿＿＿＿＿＿＿＿
(2) ＿＿＿＿＿＿＿＿＿＿＿＿＿＿＿＿＿＿＿＿
(3) ＿＿＿＿＿＿＿＿＿＿＿＿＿＿＿＿＿＿＿＿
(4) ＿＿＿＿＿＿＿＿＿＿＿＿＿＿＿＿＿＿＿＿
(5) ＿＿＿＿＿＿＿＿＿＿＿＿＿＿＿＿＿＿＿＿

Lese- und Schreibübungen

1. Zeichnen Sie folgende Schriftzeichen in der richtigen Strichfolge nach. Schreiben Sie die Schriftzeichen dann in die leeren Kästchen.

农	丶 一 广 衣 农 农	农	农				
而	一 丆 厂 而 而 而	而	而				
入	丿 入	入	入				

2. Schreiben Sie die Schriftzeichen in die leeren Kästchen. Achten Sie auf die Komponenten der Schriftzeichen.

jiù	臼 + 男	舅					
shū	艹 + 疋 + 㐬	蔬					
cài	艹 + 采	菜					
biàn	亦 + 又	变					
hái	子 + 亥	孩					
xiàng	丿 + 冋	向					
jí	纟 + 及	级					
xīn	立 + 十	辛					
kǔ	艹 + 古	苦					
shōu	丩 + 攵	收					
gài	羊 + 皿	盖					
liàng	车 + 两	辆					

shì	一+巾	市					
cūn	木+寸	村					
dī	亻+氐	低					
jì	扌+十+又	技					
guǎn	竹+官	管					

3. Schreiben Sie die *Pinyin* – Transkription folgender Phonoideogramme auf, bei denen die lauttragende Komponente innen und die bedeutungstragende außen steht. Geben Sie die deutsche Bedeutung der Schriftzeichen an.

    （1）园
    （2）房
    （3）府
    （4）厅
    （5）进
    （6）历
    （7）座
    （8）裹
    （9）远

4. Geben Sie die *Pinyin* – Transkription folgender Gruppen von Wörtern an und übersetzen Sie sie ins Deutsche. Versuchen Sie, die Bedeutung von unbekannten Wörtern zu erschließen. Vergewissern Sie sich bei Ihren Kommilitonen oder Lehrern, oder nehmen Sie ein Wörterbuch zur Hand.

（1）妈——妈妈　舅妈　姑妈　大妈

（2）农——农村　农民　农忙　农药

（3）年——中年　老年　新年　旧年

（4）学——大学　中学　小学　留学

（5）向——向左　向右　向前　向后

（6）术——技术　美术　学术　算术

（7）车——火车　汽车　出租车　公共汽车

5. Ergänzen Sie Schriftzeichen und Schriftzeichenkomponenten, um bereits gelernte Schriftzeichen (↓) und Wörter / Wortgruppen (→) zu bilden.

（1）黑→
　　　↓

（2）里→
　　　↓

（3）交→
　　　↓

（4）中→
　　　↓

（5）男→
　　　↓

（6）化→
　　　↓

（7）两→
　　　↓

（8）且→
　　　↓

（9）坐→
　　　↓

（10）气 →
　　　　↓

6. **Geben Sie die *Pinyin* – Transkription der Schriftzeichen an und schreiben Sie die Wörter entsprechend der *Pinyin* – Transkription in Schriftzeichen.**

（1）一家蔬菜公司　　　　　（2）认识不认识上海人

（3）一路辛苦了　　　　　　（4）这些年的变化

（5）jiùjiu yě cuò le　　　　　（6）jiāoqū de jǐngsè

（7）mǎi yì zhāng dìtú chácha　（8）diànnǎo guǎnlǐ hěn fāngbiàn

7. **Ergänzen Sie Komponenten auf allen Seiten des Zeichens "立", so dass Schriftzeichen gebildet werden, die Sie bereits gelernt haben.**

	立	

Schlüssel zu Übung 6 aus Lektion 23: 房、访、放

8. **Setzen Sie "因为……所以……", "虽然……但是/可是……" oder "不但……而且……"ein.**

（1）他_____买了汽车，_____还不会开。

（2）小张_____是我的同学，_____是我的好朋友。

（3）_____泰山是中国有名的大山，_____很多外国人都想去那儿旅行。

（4）天气冷了，_____每天都有大风，_____下了三次雪。

（5）_____天气冷了，_____奶奶每天都起得很早,去公园锻炼。

9. **Wählen Sie das richtige Wort aus.**

（1）_____我觉得那个人像老张,大家也都觉得他像。

　　　　A. 因为　　　　B. 虽然　　　　C. 可能　　　　D. 不但

104

(2) 他正在向一个北京人问路_____。
　　　　A. 吧　　　　　　B. 吗　　　　　　C. 呢　　　　　　D. 啊

(3) 农民的文化水平都_____城里人的低一些。
　　　　A. 和　　　　　　B. 比　　　　　　C. 跟　　　　　　D. 还

(4) 中国大学生常常从上午八点_____下午四点都有课。
　　　　A. 就　　　　　　B. 到　　　　　　C. 和　　　　　　D. 而且

(5) 你_____听什么呢?
　　　　A. 没有　　　　　B. 不　　　　　　C. 正在　　　　　D. 也在

10. Verbinden Sie die Wörter aus Spalte I mit denen aus Spalte II zu Sätzen.

I	II
可不是,	而且还常帮助他同学复习语法。
从北京到广州很远,	他向大家介绍了很多地方。
这儿的农民不种蔬菜了,	比从北京到上海远得多。
我弟弟不但自己学得好,	他的汉语水平提高得真快。
王大生是一个很好的导游,	他们正在种葡萄呢。

11. Bringen Sie die Wörter in die richtige Reihenfolge.

(1) 又　楼　小区　了　盖　六层　我们　三座　的　高

(2) 主角　个　她　有名　那　很　的　电影　像　女

(3) 家里　以前　比　多　收入　的　了　好

(4) 城里　的　低　郊区　比　房租　的

(5) 路上　您　了　好　辛苦

12. Bilden Sie mit den vorgegebenen Wörtern Sätze.

(1) 不但……而且……
(2) 可不
(3) 向……走来
(4) 比……还……
(5) 正在……呢

13. Formen Sie die folgenden Sätze um, verwenden Sie die Partikel "了②".

（1）昨天的气温是 12℃。今天的气温是 10℃。→

（2）弟弟去年二年级。他今年三年级。→

（3）她过去没有男朋友。她现在有男朋友。→

（4）他舅舅以前没有买汽车。他舅舅这个月买了汽车。→

（5）我十年以前认识那个地方。我现在不认识那个地方。→

14. Übersetzen Sie die Sätze ins Deutsche.

（1）宋华的舅舅家今年不但盖了小楼,而且还盖了一座温室。

（2）可不,在广州冬天也特别暖和。

（3）你妹妹也是大学生了吧? 她现在上几年级了?

（4）这个小孩正在发烧呢! 得快送她到医院去。

（5）上海郊区的温室蔬菜是用什么管理的?

15. Entscheiden Sie, ob die Sätze grammatisch korrekt (r) sind oder nicht (f).

（1）他不但是我的同学,而且不是我的朋友。　　　　（　　）
（2）昨天下午他来找我的时候,我上课。　　　　　　（　　）
（3）圣诞节晚上妈妈给我打电话的时候,我们正在看京剧呢。（　　）
（4）不但他们家盖了小楼,也我们家盖了小楼。　　　（　　）
（5）中国不但有 5 个自治区,还有 2 个特别行政区。（　　）

16. Entscheiden Sie aufgrund des Textes aus dem Abschnitt "Lesen und Nacherzählen" aus dieser Lektion, ob die Aussagen richtig (r) oder falsch (f) sind.

（1）这个故事是在一个很冷的秋天。　　　（　　）

（2）士兵在外边站岗,将军在房子里喝酒。（　　）

（3）因为穿得太少,所以那个士兵特别冷。（　　）

（4）将军喝得太多了,觉得有点儿不舒服。（　　）

（5）那个士兵很想和将军换一换地方。　　（　　）

17. Beantworten Sie folgende Fragen.

（1）你现在有工作吗？是什么样的工作？

（2）学习中文的学生找工作容易吗？

（3）你以后想找一个什么样的工作？为什么？

（4）在你们国家,什么人的收入和生活水平高？为什么？

（5）你是什么时候开始用电脑的？

（6）你能在电脑上用中文吗？是跟谁学的？

18. Lesen Sie den Text und diskutieren Sie zu zweit über die Fragen.

　　我有一个好朋友,他叫约翰,是我们公司营业部的经理。他学习汉语很努力。现在,他汉语说得跟北京人一样。可是,刚来北京的时候,因为学说汉语,他也闹了不少笑话。有一次,我记得是约翰刚到北京的一个星期六,我们营业部的三个年轻人请他去饭馆吃晚饭。四个人要了四个凉菜、六个热菜。桌子上都放满了。我站起来说:"约翰先生,我们请您在这儿吃顿便饭,希望您吃得高兴。祝您在北京工作愉快,身体健康,干杯!"

　　约翰也站起来用汉语说:"谢谢大家,你们太客气了,要了这么多菜,还说是一顿便饭。如果说这是一顿便饭,那真是一顿大便饭。"他说完

107

"大便饭"三个字,我们都笑了。约翰还以为这个词用得很好,又说了一遍:"我说的不是客气话,真是大便饭。"

(1) 闹	nào	V	etw. schaffen, machen
(2) 笑话	xiàohua	N	Witz; Lachnummer
(3) 凉菜	liángcài	N	kaltes Gericht
(4) 满	mǎn	Adj	voll, gefüllt
(5) 大便	dàbiàn	N	Stuhlgang

Diskussionsthema

"便饭"是什么意思? "大便"又是什么意思? 约翰为什么会闹笑话?

19. **Schreiben Sie auf Grundlage der Texte dieser Lektion einen kurzen Aufsatz über Wang Xiaoyuns Onkel und Tante（über 150 Zeichen）.**

20. **Verwenden Sie mindestens acht Wörter oder Wortgruppen aus der folgenden Liste, um Ihre Erfahrungen bei der Arbeitssuche zu beschreiben.**

了② 收入 比 ……的时候 正在 用……管理 技术 低 方便

辛苦　郊区　不但……而且……　从……到……　跟……一起　变化
喜欢　电脑　汉语　常常

21. Schauen Sie sich die politisch-administrative Karte von China an. Finden Sie die folgenden Provinzen, Autonomen Gebiete, Sonderverwaltungszonen und Städte.

（1）北京市

（2）上海市

（3）重庆市

（4）陕西省

（5）江苏省

（6）浙江省

（7）海南省

（8）山东省

（9）台湾省

（10）内蒙古自治区

（11）西藏自治区

（12）广西壮族自治区

（13）澳门特别行政区

（14）香港特别行政区

新疆维吾尔自治区

内蒙古

甘

宁夏回族
自治区

陕

西

河南

湖
北

山
西

河北

山
东

北京
天津

江
苏

上海

浙江

黑龙江

吉林

辽宁

区

治

自

青

海

西

藏

自

治

区

四

川

重庆

贵州

云

南

广西壮族
自治区

湖

南

江

西

福建

广
东

安
徽

台湾

香港
澳门

海南

司机开着车送我们到医院

Hör- und Sprechübungen

1. Ausspracheübungen.

（1）Lesen Sie folgende Wörter, Wortgruppen und Sätze laut. Achten Sie auf die retroflexe Suffigierung.

这儿　那儿　哪儿　花儿　画儿　事儿　玩儿　小孩儿　男孩儿
女孩儿　孙女儿　一点儿　有点儿　一会儿　一下儿　画画儿

（2）Können Sie den Zungenbrecher lesen? Wie schnell können Sie ihn lesen?

四是四，
十是十，
十四是十四，
四十是四十，
四十四是四十四，
十四不是四十，
四十不是十四。

2. Hören Sie die Fragen und markieren Sie die richtigen Antworten.

（1）A. 生病了　　　　　B. 撞伤了人
　　　C. 被撞伤了　　　　D. 她开的车被撞了
（2）A. 那位司机　　　　B. 医院的人
　　　C. 宋华　　　　　D. 小云
（3）A. 小云　　　　　　B. 司机
　　　C. 医院的医生　　　D. 林娜自己
（4）A. 非常重　　　　　B. 不太重
　　　C. 特别重　　　　　D. 只撞伤了头和腿
（5）A. 正在开车　　　　B. 正在看电影

111

C. 正在拿东西　　　　D. 正在往左拐

3. **Hören Sie den Dialog und entscheiden Sie, ob die Aussagen richtig (r) oder falsch (f) sind.**

(1) 给大为打电话的是刘老师。　　　　　(　)

(2) 大为上个星期天早上丢了一辆自行车。　(　)

(3) 大为的自行车是黑色的。　　　　　　(　)

(4) 大为丢了自行车以后，没有告诉派出所。(　)

(5) 派出所找到了大为的自行车。　　　　　(　)

4. **Hören und ergänzen Sie.**

(1) 她穿_____一件红色的旗袍，手里拿_____一束花_____我们走过来。

(2) 我弟弟_____一个不好的习惯，他总是喜欢躺_____看书。

(3) 林娜虽然_____撞伤了，_____伤得不太重。

(4) 他住_____建国门，我去了两次，都没找_____他。

(5) _____你明天不能来，_____给我们打个电话。

5. **Hören Sie und schreiben Sie die Sätze in *Pinyin* auf.**

(1) _____

(2) _____

(3) _____

(4) _____

(5) _____

6. **Hören Sie und schreiben Sie die Schriftzeichen auf.**

(1) _____

(2) _____

(3) _____

(4) _____

(5) _____

7. **Rollenspiel.**

Hören Sie den Dialog und spielen Sie ihn zu zweit nach. Versuchen Sie den Dialog mit

Hilfe Ihrer Kommilitonen, Lehrer oder mit einem Wörterbuch zu verstehen.

Lese- und Schreibübungen

1. **Zeichnen Sie folgende Schriftzeichen in der richtigen Strichfolge nach. Schreiben Sie die Schriftzeichen dann in die leeren Kästchen.**

壬	(丿+士)	壬	壬					
束	一 丆 一 一 巿 束 束	束	束					

2. **Schreiben Sie die Schriftzeichen in die leeren Kästchen. Achten Sie auf die Komponenten der Schriftzeichen.**

bèi	衤 + 皮	被					
zhuàng	扌 + 立 + 里	撞					
shāng	亻 + 𠂉 + 力	伤					
dì	竹 + 弓 + 丨 + 丿	第					
jiǎn	木 + 佥	检					
wán	宀 + 元	完					
gē	月 + 夂 + 口	胳					
bó	月 + 甫 + 寸	膊					
tuǐ	月 + 艮 + 辶	腿					
qí	马 + 大 + 可	骑					
zhù	氵 + 主	注					
tíng	亻 + 亠 + 口 + 冖 + 丁	停					

rú	女 + 口	如					
tǎng	身 + 尚 + 同	躺					
shì	礻 + 见	视					
zhuō	卓 + 木	桌					
jié	纟 + 士 + 口	结					
wān	亦 + 弓	弯					
dǎo	亻 + 到	倒					
méi	雨 + 每	霉					
huài	土 + 不	坏					
xiāo	氵 + 尚 + 月	消					
tōu	亻 + 人 + 一 + 月 + 刂	偷					
pài	氵 + 厂 + 氏	派					
zhuā	扌 + 爪	抓					
diū	一 + 去	丢					

3. **Schreiben Sie die bisher gelernten Phonoideogramme mit folgenden lauttragenden Komponenten auf.**

（1）巴——

（2）马——

（3）方——

（4）古——

（5）青——

（6）正——

（7）式——

（8）元——

（9）气——

（10）里——

4. Geben Sie die _Pinyin_ – Transkription folgender Gruppen von Wörtern an und übersetzen Sie sie ins Deutsche. Versuchen Sie, die Bedeutung von unbekannten Wörtern zu erschließen. Vergewissern Sie sich bei Ihren Kommilitonen oder Lehrern, oder nehmen Sie ein Wörterbuch zur Hand.

（1）医——医生　医院　医药费

（2）车——开车　骑车　坐火车

（3）电——电视　电影　电脑　电话

（4）片——名片　照片　明信片

（5）以——以前　以后　以上　以下

5. Geben Sie die _Pinyin_ – Transkription der Schriftzeichen an und schreiben Sie die Wörter entsprechend der _Pinyin_ – Transkription in Schriftzeichen.

（1）撞伤了一位将军　　　　　（2）丢了一个笔记本电脑

（3）正在饭馆里喝酒　　　　　（4）把一束很美的花放在桌上

（5）gēbo zhǐnéng wān zhe　　　（6）nà tào xīfú bèi mǎi zǒu le

（7）rúguǒ xiàxuě jiù zāogāo le　（8）zěnme zhème bú zhèngcháng

6. Setzen Sie die richtigen Schriftzeichen ein.

（1）这张北京地图我看了一＿＿＿。北京＿＿＿化真大,别的不说,现在出门
坐车就很方＿＿＿,有出租车、公共汽车,还有地铁。
　　　　　　　　　　　　　　　　　　（便　边　变　遍）

（2）他是＿＿＿一次来这个＿＿＿方,我比他大两岁,我是他哥哥,他是我
＿＿＿。　　　　　　　　　　　　　（低　地　第　弟）

（3）导＿＿＿小姐介绍,花园小区的＿＿＿边有一个大＿＿＿局,它旁边是银行,
可以在那儿换＿＿＿。小区的南边有一个＿＿＿泳馆,＿＿＿天也可以＿＿＿

115

泳。小区____边有一个公共汽车站,离车站不远是加____站。

(油 游 邮 东 冬 前 钱)

(4) 他在一家外国____司找到了____作,我们应该____喜他。

(工 恭 共 公)

(5) 他想请你给他介绍一下中国文____,特别是中国____,你就用普通____介绍吧。　　(花 化 话 画)

7. **Ergänzen Sie Komponenten auf allen Seiten des Zeichens "且", so dass Schriftzeichen gebildet werden, die Sie bereits gelernt haben.**

Schlüssel zu Übung 7 aus Lektion 24: 位、辛、站

8. **Setzen Sie "着", "到" oder "在"ein.**

(1) 他们正躺_____看电视呢。

(2) 我们已经学_____第二十五课了。

(3) 现在他不住_____家里,住_____学校的宿舍里去了。

(4) 妹妹还在看_____书,她总是学_____晚上11点多。

(5) 那辆公共汽车坏了,现在还停_____路边。

9. **Setzen Sie passende Wörter ein.**

(1) 胳膊_____不太疼,_____这样弯着很不舒服。

(2) 他的眼睛红了,不能看书,医生让他躺_____床_____休息一天。

(3) 我小的_____,妈妈每天都开_____车送我去学校上课。

(4) 我新买的自行车_____小偷偷_____了。

(5) 她正在打_____电话_____,现在不能下楼_____。

10. **Verbinden Sie die Wörter aus Spalte I mit denen aus Spalte II zu Sätzen.**

I	II
真糟糕,我的钱被偷了,	你为什么要给她交医药费?
这是她的错,	你能先借我一点儿钱吗?

116

如果宿舍的电视有问题，　　再往右拐就到了。

先向前走200米，　　家里一定有人。

他们家的门开着呢，　　就打电话告诉办公室的陈老师。

11. Bringen Sie die Wörter in die richtige Reihenfolge.

（1）想　如果　来　你　来　就　吧

（2）您　吧　先　里边　请　到　一下　休息

（3）撞　她　了　照相机　的　被　新　坏

（4）那　《红楼梦》　英文　部　借　被　的　没有　走

（5）球　踢　他们　呢　上　正在　着　足球场

12. Bilden Sie mit den vorgegebenen Wörtern Sätze.

（1）到……去

（2）被

（3）如果……就……

（4）V＋着……呢

（5）以为

13. Formen Sie die Sätze um, verwenden Sie "被".

Beispiel:汽车撞伤了林娜。→林娜被汽车撞伤了。

（1）弟弟拿走了我的照相机。→

（2）别人借走了我的词典。→

（3）爸爸开走了舅舅的汽车。→

（4）他把球踢进去了。→

（5）农民们请技术人员去上课。→

14. Übersetzen Sie die Sätze ins Deutsche.

（1）如果自行车没有被小偷偷走,我就可以骑着车去公园了。

（2）我们带着一束花去医院看王老师,从开着的门可以看到王老师正在

117

看电视呢。

(3) 如果能买到飞机票,我们马上就出发。

(4) 那辆出租车停错了地方,所以司机被警察罚款了。

(5) 妈妈给我做的生日蛋糕都被妹妹和她的同学吃了,因为我和妹妹是在一天出生的。

15. **Entscheiden Sie, ob die Sätze grammatisch korrekt (r) sind oder nicht (f).**
    (1) 士兵站在很冷的风雪里,将军睡在很热的卧室里。 (　　)
    (2) 躺看电视对眼睛不太好。 (　　)
    (3) 我正在复习课文,复习课文就去吃饭。 (　　)
    (4) 照片都被孩子拍坏了。 (　　)
    (5) 你被如果汽车撞了,汽车就糟糕了。 (　　)

16. **Entscheiden Sie aufgrund des Textes aus dem Abschnitt "Lesen und Nacherzählen" aus dieser Lektion, ob die Aussagen richtig (r) oder falsch (f) sind.**
    (1) 今天是张大力女儿的生日。 (　　)
    (2) 张大力送给女儿一条很美的项链。 (　　)
    (3) 张大力和女儿先去看戏,再去吃饭。 (　　)
    (4) 他们是坐公共汽车回家的。 (　　)
    (5) 打110电话可以叫警车来。 (　　)
    (6) 张大力以前抓过九十九个坏人。 (　　)
    (7) 那个坏人被张大力送到了派出所。 (　　)

17. **Beantworten Sie folgende Fragen.**
    (1) 你如果生病了,去什么地方看病? 是自己交医药费还是有保险
       (bǎoxiǎn, Versicherung)?

    (2) 你住过院吗? 在你们那儿,住院的医药费贵不贵? 每天都可以去医

院看病人吗?

(3) 你会不会开车? 在什么地方学的? 贵不贵?

(4) 你丢过东西吗? 如果丢过,说说你丢过什么,是怎么丢的。

(5) 你有过什么倒霉的事儿吗?

18. Lesen Sie den Text und diskutieren Sie zu zweit über die Fragen.

很久以前,张家村有一个人,他叫张万。他家有很多很多的山地。

有一次,他要卖一块山地。王家村的王老五想买,他请人去讲好了价钱,还写了一张地契。张万说:"这块山地我卖给王老五,只有那棵柿树是我自己种的,我不想卖。请把它写在地契上,好吗?"

王老五心想,山上有那么多的树,只留一棵柿树不卖,没关系。

他说:"好,在地契上写上'柿树不卖'。"写地契的人以为是"是树不卖",就这样写了。写完以后,他又念了一遍,两家都同意。

因为"柿树"写成了"是树",两家的儿子还打了一场官司,结果是张家打赢了官司。张万的儿子说,他爸爸只卖山地,不卖树木,地契上写得很清楚,"是树不卖"。

```
╭∿∿∿∿∿∿∿∿∿∿∿∿∿∿∿∿∿╮
  Zusätzliche Vokabeln
╰∿∿∿∿∿∿∿∿∿∿∿∿∿∿∿∿∿╯
```

(1) 山地	shāndì	N	Bergland
(2) 价钱	jiàqian	N	(Verkaufs-) Preis
(3) 地契	dìqì	N	Grundbrief, Grundbesitzurkunde
(4) 柿树	shìshù	N	Kakibaum
(5) 官司	guānsi	N	Rechtsstreit, Verfahren

两家的儿子为什么打了一场官司？张万的儿子为什么能打赢官司？你觉得谁应该赢？

19. **Verwenden Sie mindestens acht Wörter oder Wortgruppen aus der folgenden Liste, um Lin Nas Unfall zu beschreiben.**

V+完　着　V+在　从　往……拐　……时候　V+到　是……的
被　送　交　给　如果……就……　还以为　还好　糟糕　胳膊
右腿

20. **Lesen Sie die Krankenakte, das Rezept und die Behandlungsquittung. Vergleichen Sie diese mit den entsprechenden Dokumenten in Ihrem Heimatland. Sprechen Sie zu zweit über Gemeinsamkeiten und Unterschiede.**

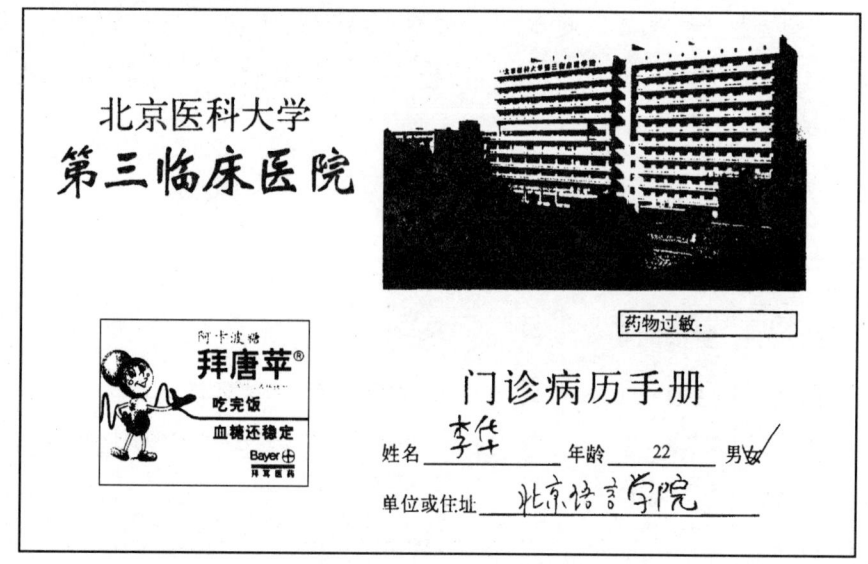

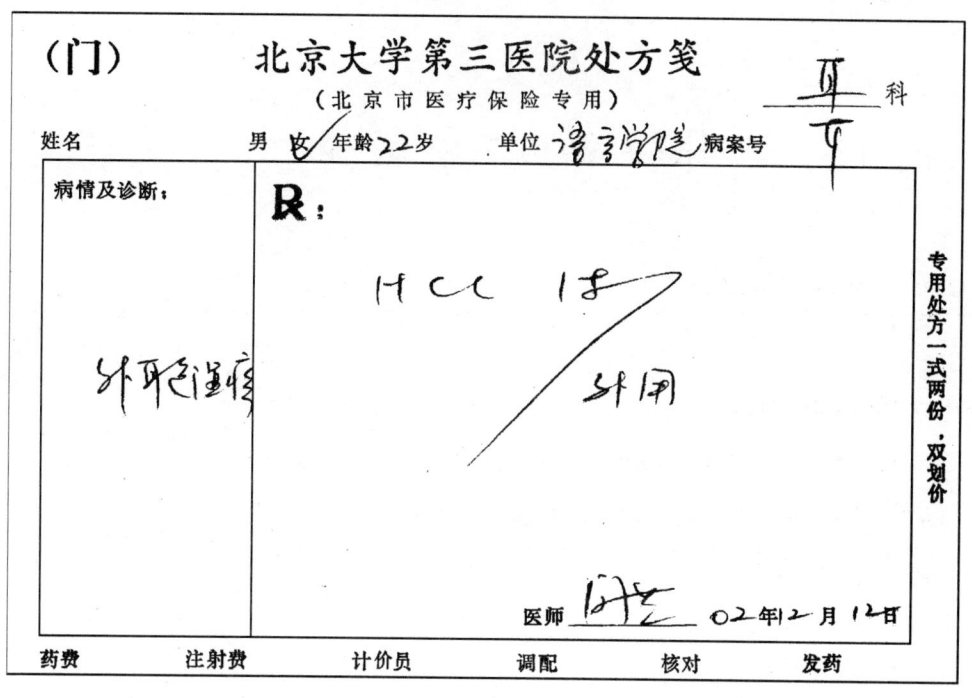

(门)　　　　北京大学第三医院处方笺
　　　　　（北京市医疗保险专用）　　　　　　　耳鼻喉科

姓名　　　男☑／年龄22岁　　单位 语言学院 病案号

病情及诊断：　　　R：

外耳道湿疹　　　　HCC 18

　　　　　　　　　　外用

　　　　　　　　医师　　　02年12月12日

药费　　　注射费　　　计价员　　调配　　核对　　发药

专用处方一式两份・双划价

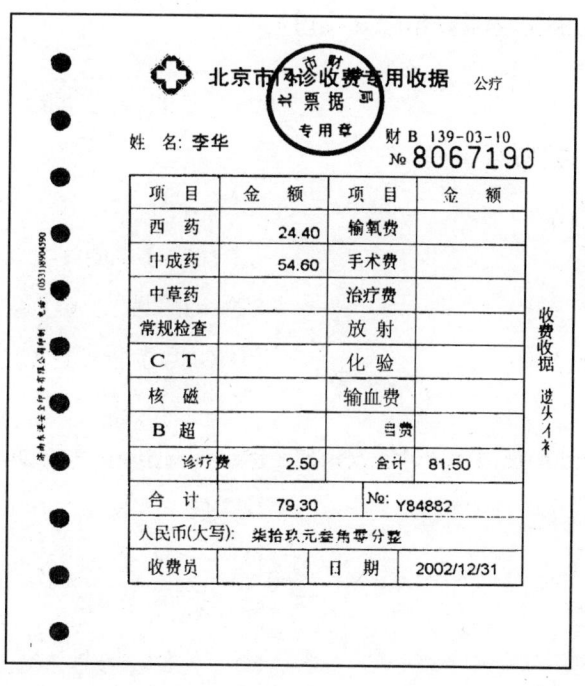

北京市门诊收费专用收据　公疗

姓　名: 李华　　　　财 B 139-03-10
　　　　　　　　　　No 8067190

项　目	金　额	项　目	金　额
西　药	24.40	输氧费	
中成药	54.60	手术费	
中草药		治疗费	
常规检查		放　射	
C　T		化　验	
核　磁		输血费	
B　超		自费	
诊疗费	2.50	合　计	81.50
合　计	79.30	No: Y84882	
人民币(大写): 柒拾玖元叁角零分整			
收费员		日　期	2002/12/31

收费收据　遗失不补

第二十六课（复习）
Lektion 26 (Wiederholung)

—————————→

你快要成"中国通"了

Hör- und Sprechübungen

1. Ausspracheübungen.

(1) Können Sie den Zungenbrecher lesen? Wie schnell können Sie ihn lesen?

你说船（chuán，Boot）比床长，

他说床比船长，

我说船不比床长，

床不比船长，

船床一样长。

(2) Lesen Sie das klassische Gedicht.

春晓	Chūn Xiǎo
（孟浩然）	(Mèng Hàorán)
春眠不觉晓，	Chūn mián bù jué xiǎo,
处处闻啼鸟。	Chùchù wén tí niǎo.
夜来风雨声，	Yè lái fēng yǔ shēng,
花落知多少？	Huā luò zhī duōshǎo?

2. Hören Sie die Fragen und markieren Sie die richtigen Antworten.

(1) A. 一个月了   B. 快一年了

     C. 十个月了   D. 一年了

(2) A. 每天都吃   B. 不太习惯

     C. 非常喜欢   D. 不但喜欢，而且会做

(3) A. 因为他特别喜欢中国   B. 因为他爱吃中餐

     C. 因为他爸爸是中国人   D. 因为他妈妈是中国人

(4) A. 来中国留学   B. 跟中国人聊天

     C. 跟中国人结婚   D. 找个妻子

（5）A. 宋华　　　　　　　　　B. 力波

　　　C. 大为　　　　　　　　　D. 老师和同学们

3. Hören Sie den Dialog und entscheiden Sie, ob die Aussagen richtig（r）oder falsch（f）sind.

（1）林娜很喜欢做中国菜。　　　　　　　　　　　　（　　）

（2）中国菜有很多种。　　　　　　　　　　　　　　（　　）

（3）宋华的妈妈是有名的大厨师。　　　　　　　　　（　　）

（4）林娜虽然喜欢在中国生活，可是她并不想变成"中国通"。（　　）

（5）宋华建议林娜跟中国人结婚。　　　　　　　　　（　　）

4. Hören und ergänzen Sie.

（1）_____能在中国多学一年，他们的汉语水平一定就_____比现在还高。

（2）林娜是到中国以后_____开始学做中国菜_____。

（3）大家都_____中国文化很_____兴趣。

（4）认识_____这些中国朋友以后，我_____知道了中国的情况，_____学会了做中国菜。

（5）出国以后，他爱_____西服，爱_____西餐，还爱_____西方古典音乐，好像有点儿_____化了。

5. Hören Sie und schreiben Sie die Sätze in *Pinyin* auf.

（1）_____

（2）_____

（3）_____

（4）_____

（5）_____

6. Hören Sie und schreiben Sie die Schriftzeichen auf.

（1）_____

（2）_____

（3）_____

（4）_____

（5）_____

7. Kulturelle Erfahrungen.

请你的中国朋友到你们家吃饭,让他/她教你做一个中国菜。再给你的同学介绍一下你是怎么做中国菜的。

Lese- und Schreibübungen

1. **Zeichnen Sie folgende Schriftzeichen in der richtigen Strichfolge nach. Schreiben Sie die Schriftzeichen dann in die leeren Kästchen.**

史	丶 ㅁ ㅁ 史 史	史	史				
歹	(一 + 夕)	歹	歹				
丈	一 ナ 丈	丈	丈				
夫	一 二 夫 夫	夫	夫				

2. **Schreiben Sie die Schriftzeichen in die leeren Kästchen. Achten Sie auf die Komponenten der Schriftzeichen.**

kuàng	冫 + 口 + 儿	况					
lì	厂 + 力	历					
bó	忄 + 甫 + 寸	博					
jǔ	兴 + 干	举					
lǎn	𭕄 + 见	览					
qù	走 + 耳 + 又	趣					
è	饣 + 我	饿					
sǐ	歹 + 匕	死					

124

liáo	耳 + 卯	聊					
qī	一 + ⺻ + 女	妻					
huǒ	亻 + 火	伙					
shēng	士 + 尸	声					
diào	讠 + 冂 + 土 + 口	调					
nǔ	女 + 又 + 力	努					
péi	阝 + 立 + 口	陪					

3. Geben Sie die *Pinyin* – Transkription folgender Schriftzeichen an. Bilden Sie mit den Schriftzeichen Wörter oder Wortgruppen.

Beispiel： 丈 zhàng（丈夫　　）　　文 wén （文化　　）

(1) 儿＿＿＿（　　　）　　几＿＿＿（　　　）
(2) 石＿＿＿（　　　）　　右＿＿＿（　　　）
(3) 刀＿＿＿（　　　）　　力＿＿＿（　　　）
(4) 入＿＿＿（　　　）　　人＿＿＿（　　　）
(5) 部＿＿＿（　　　）　　陪＿＿＿（　　　）
(6) 夫＿＿＿（　　　）　　天＿＿＿（　　　）
(7) 练＿＿＿（　　　）　　炼＿＿＿（　　　）
(8) 孩＿＿＿（　　　）　　该＿＿＿（　　　）
(9) 放＿＿＿（　　　）　　访＿＿＿（　　　）
(10) 明＿＿＿（　　　）　　朋＿＿＿（　　　）
(11) 错＿＿＿（　　　）　　借＿＿＿（　　　）
(12) 请＿＿＿（　　　）　　情＿＿＿（　　　）
(13) 住＿＿＿（　　　）　　注＿＿＿（　　　）
(14) 谁＿＿＿（　　　）　　难＿＿＿（　　　）
(15) 种＿＿＿（　　　）　　钟＿＿＿（　　　）

4. Geben Sie die *Pinyin* – Transkription folgender Gruppen von Wörtern an und

übersetzen Sie sie ins Deutsche. Versuchen Sie, die Bedeutung von unbekannten Wörtern zu erschließen. Vergewissern Sie sich bei Ihren Kommilitonen oder Lehrern, oder nehmen Sie ein Wörterbuch zur Hand.

(1) 特——特别　特点　特色　特长

(2) 餐——中餐　西餐　晚餐　早餐　午餐　正餐

(3) 文——文化　文学　文字

(4) 馆——博物馆　展览馆　图书馆　茶馆　饭馆　咖啡馆

(5) 化——中国化　城市化　知识化　绿化　现代化

5. Schreiben Sie die bisher gelernten Phonoideogramme mit folgenden Zeichen oder Radikalen als bedeutungstragende Komponente auf.

(1) 口 ——
(2) 木 ——
(3) 土 ——
(4) 禾 ——
(5) 亻 ——
(6) 礻 ——
(7) 饣 ——
(8) 讠 ——
(9) 辶 ——
(10) 扌 ——
(11) 钅 ——
(12) 氵 ——
(13) 艹 ——
(14) 宀 ——
(15) 攵 ——
(16) 刂 ——

6. Geben Sie die *Pinyin* – Transkription der Schriftzeichen an und schreiben Sie die

Wörter entsprechend der *Pinyin* – Transkription in Schriftzeichen.

(1) 吃得很舒服

(2) 那位音乐家的经验

(3) 多见几次就熟悉了

(4) 用流利的汉语聊天

(5) shēngdiào hěn bù róngyì xué hǎo　(6) duì péngyou fēicháng rèqíng

(7) tīng tā shuō wán cái dǒng

(8) péi qīzi qù Wángfǔjǐng

7. Setzen Sie die richtigen Schriftzeichen ein.

(1) 这是丁力波写_____汉字,他汉字写_____很漂亮。每天他都要写半个小时_____汉字。　　　　　　　　　　　　　　（的　得）

(2) 林娜做完了_____习,就去锻_____身体。昨天下午游泳的时候,她的项_____丢了。　　　　　　　　　　　　　　（链　练　炼）

(3) 你们有_____个人? 现在你们在哪_____? 你们就在那儿等我,我_____点半开车去接你们。　　　　　　　　　　（儿　几　九）

(4) 现在_____经十二点了,我们都吃完午饭了,只有你自_____还没有吃。　　　　　　　　　　　　　　　　　　（己　已　巳）

(5) 这是什么_____方? 我们都是_____一次来这儿,我要你们在这儿等我,你_____呢? 他去哪儿了?　　　　　　　（弟　地　第）

8. Schriftzeichenrätsel.

太阳前边走,
月亮后面跟。
早晨起来看,
它们一起行。

(Die Lösung ist ein Schriftzeichen.)

Schlüssel zu Übung 7 aus Lektion 25: 宜、租、助

9. Setzen Sie "才" oder "就" ein.

(1) 昨天早上他来得很早,六点十分_____到了。

(2) 这篇课文我看了五遍_____看懂。

(3) 你们在中国_____两个月,怎么能成"中国通"呢?

（4）他一个人_____换了八千块钱。

（5）我是学完了这本书以后_____知道这种语法的。

10. Bilden Sie mit den vorgegebenen Wörtern Sätze.

（1）越来越

（2）才

（3）不见不散

（4）成……了

（5）对……感兴趣

11. Entscheiden Sie aufgrund des Textes aus dem Abschnitt "Lesen und Nacherzählen" aus dieser Lektion, ob die Aussagen richtig（r）oder falsch（f）sind.

（1）我朋友一共请了四个客人吃饭。 （ ）

（2）第一位客人以为他是该走的,所以就走了。 （ ）

（3）饭馆的工作人员非常着急。 （ ）

（4）第二位客人走的时候没有说一句话,是因为他很不高兴。 （ ）

（5）我朋友说"可是我说的不是他们啊!",意思是"我说的是你啊!"

（ ）

12. Beantworten Sie folgende Fragen.

（1）你每天吃什么样的菜? 你喜欢吃中餐吗? 你吃过什么中国菜?

（2）你觉得怎样才能成"中国通"?

（3）你觉得马大为说的"中国化"的那些话对吗? 为什么?

13. Vervollständigen Sie die folgende Passsage anhand des Lektionstextes.

　　林娜、大为和力波来中国已经快一年了,他们不但学习了汉语,而且还认识了很多中国朋友,他们对中国的情况也知道得不少,他们都快要成"中国通"了……

14. Schreiben Sie einen Aufsatz über das Chinesischlernen (über 250 Zeichen).

Schlüssel zum Rätsel aus Lektion 26: 明

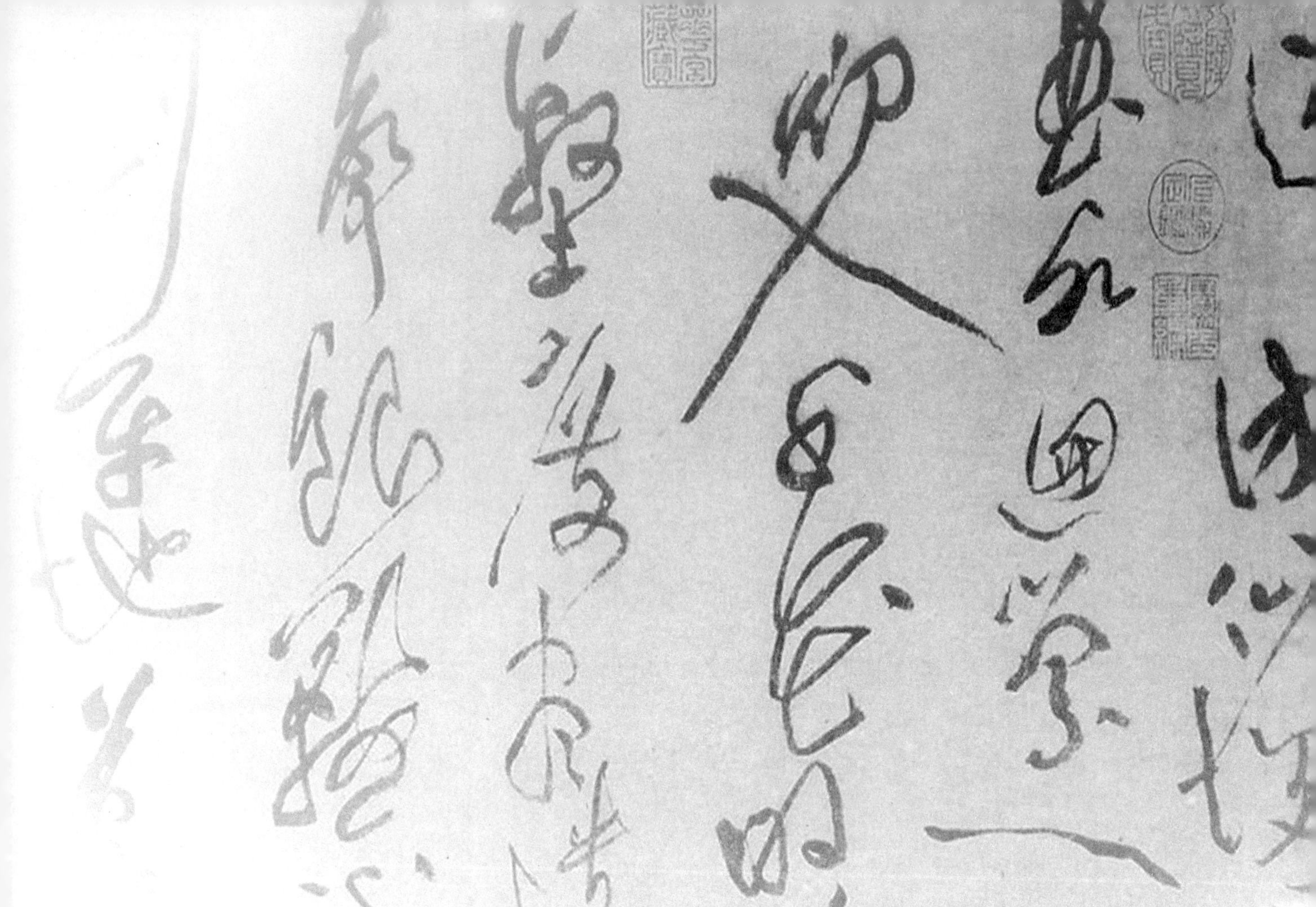